LE JOURNAL SPIRITUEL D'UNE ENFANT DE NEUF ANS

Histoires vécues

LE JOURNAL SPIRITUEL D'UNE ENFANT DE NEUF ANS

Histoires vécues

Kasara

univers/cité Mikaël
ORGANISME SANS BUT LUCRATIF
MAISON D'ÉDITION ET DE DIFFUSION

⊙

univers/cité mikaël (UCM)
Organisme sans but lucratif
Maison d'édition et de diffusion
51, rue Saint-Antoine
Sainte-Agathe-des-Monts, Qc
Canada J8C 2C4

Administrateur : Jean Morissette, avocat

Téléphone : (450) 227-8581
Téléphone administration : (819) 326-2354
Télécopieur : (819) 326-8834
Courriel : info@ucm.ca
Sites (français et anglais) : www.72anges.ca et www.72angels.ca

Aide à la rédaction et révision : Kaya et Christiane Muller
Transcription : Micheline Ross et Jocelyne Renaud
Révision : Andrée Hamelin et Denise Fredette
Éditique et graphisme : Michel Malouin
Page couverture : Gabriell, artiste-peintre
Photo : Kaya

Distribué en librairies par :
Diffusion Raffin (Canada)
Diffusion Transat/Servidis (Suisse)

Dépôt légal : 1er trimestre 2004
Bibliothèque nationale du Canada
Bibliothèque nationale du Québec
ISBN : 2-923097-03-3

Imprimé au Canada

À maman d'amour Sophye,
Je t'aime de tout mon coeur...

À papa et belle maman Christiane,
Merci de me transmettre la Connaissance,
je vous aime...

Pour tous les enfants du monde...

Kazara

⊙

PRÉFACE PAR PAPA

Au travers du journal spirituel de notre fille Kasara, journal qu'elle vous livre en toute simplicité, vous découvrirez une nouvelle génération d'enfants qui arrivent sur Terre et qui bouleverseront les façons de concevoir l'existence humaine.

Avec ses yeux d'enfant, Kasara nous transporte au cœur de la Sagesse Universelle, au cœur de la vie initiatique. Ces anciens moines tibétains, ces anciens maîtres spirituels, ces êtres qui proviennent d'autres dimensions, renaissent présentement sur Terre sous la forme de ces nouveaux enfants que l'on appelle les enfants indigo, les enfants du Verseau, les enfants de la Vérité ou les enfants des étoiles... Ils viennent expérimenter la matière après plusieurs vies de méditation et de développement intérieur. Ces enfants initiés ont naturellement de grands pouvoirs spirituels tels que la clairvoyance, la clairaudience et la clairsentience, mais, par-dessus tout, ils transportent en eux un trésor d'Amour et une Sagesse qui dépassent la conscience ordinaire de l'être humain.

Ils reviennent sur Terre pour participer à l'édification d'une nouvelle société qui sera basée sur l'altruisme, le partage des ressources et la compréhension de la Justice Divine et des Lois qui régissent notre Univers. L'objectif de ces nouveaux enfants est d'apprendre à spiritualiser la matière, ce qui veut dire vivre sur Terre en mettant les qualités et les vertus Divines à la première place. Ils découvriront que la Terre est une école, avec ses joies et ses peines, l'une des plus belles écoles de l'Univers.

Kasara est une des ambassadrices de ces nouveaux enfants. Elle détient en elle-même de grands pouvoirs spirituels qui lui permettent de voir dans l'avenir et de comprendre au-delà de la forme. À l'âge de neuf ans seulement, grâce à son travail avec l'Angéologie Traditionnelle, elle voyage déjà dans d'autres dimensions lors de ses rêves, et ses pouvoirs télépathiques sont devenus pour notre famille une réalité de tous les jours. Nous vous suggérons de lire et de relire ces histoires avec tous les enfants de la Terre... et avec tous les adultes.

Kaya, le papa de Kasara

INTRODUCTION
PAR KASARA

Un beau matin, chez des amis, alors que nous étions en tournée, je me suis réveillée et je suis allée voir mon père qui était sur Internet. Il m'a dit : « Il y a un courriel pour toi, viens voir », avec un grand sourire. Quel était ce message? Le voici.

> *Bonjour Kaya, j'ai lu un livre, dernièrement, et c'était une jeune fille qui a fait ce livre sur sa vie et sa façon de voir le monde à travers ses yeux d'enfant. J'ai pensé que cela pourrait être une bonne idée si Kasara en écrivait un sur ce qu'elle vit avec vous, sur son cheminement avec l'Angéologie Traditionnelle. Ça m'a donné une idée. Donc, je te la laisse fleurir dans ta tête.*
>
> *Signé : une grande amie*

Quand j'ai lu ce message, j'ai tout de suite aimé cette idée. Donc, c'est comme ça que j'ai eu mon signe que je devais écrire un livre.

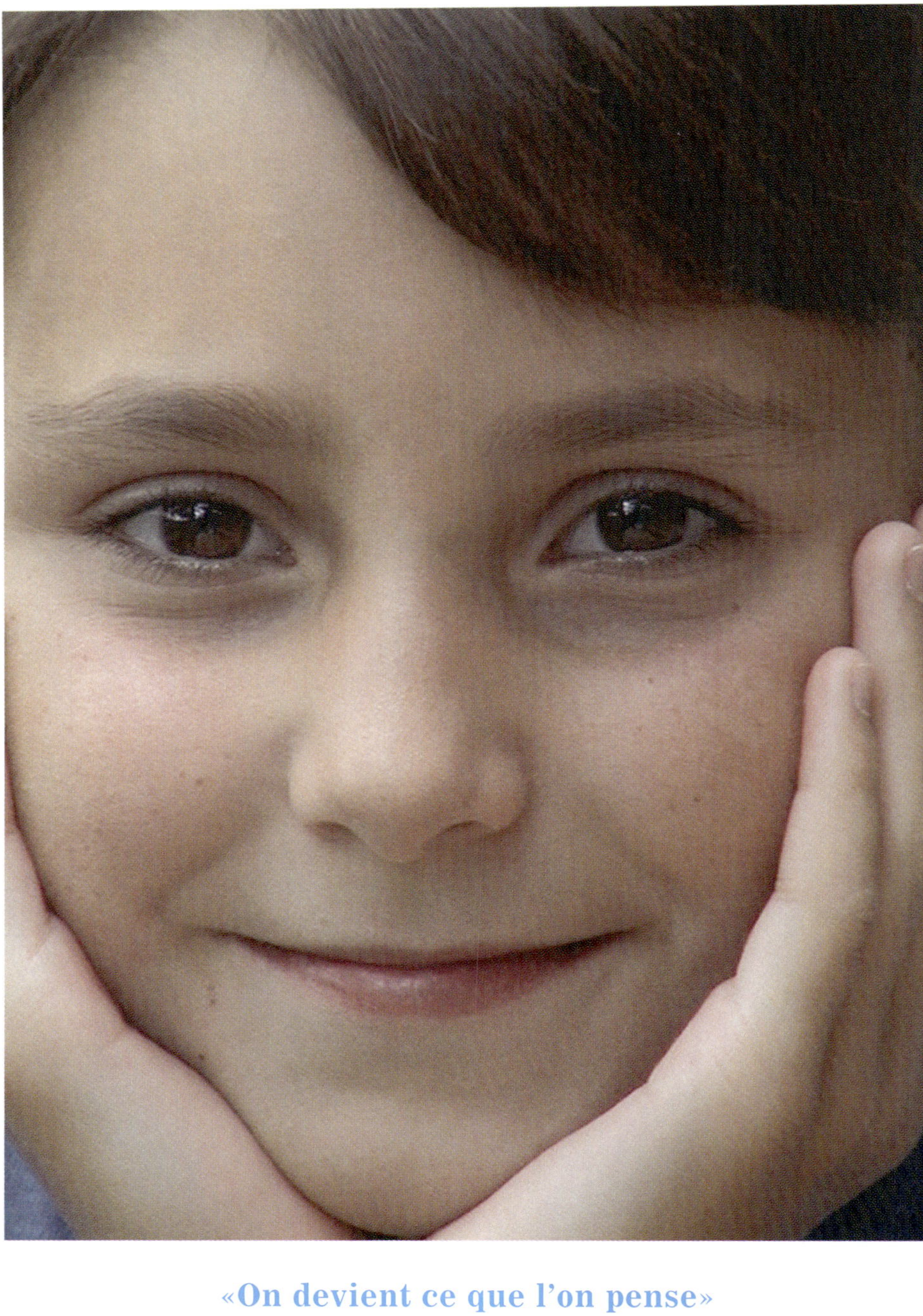

«On devient ce que l'on pense»

LE JOURNAL SPIRITUEL DE

Kasara

Histoires vécues

⊙

I

L'HISTOIRE DES VAUTOURS

Cette journée là, nous étions en tournée. Au petit déjeuner, j'écoutais les conversations des gens. Et il y a un homme qui a commencé à parler de vautours avec sa femme. Il disait qu'il y en avait dans sa cour, qu'ils mangeaient leurs adversaires et qu'ils étaient très dominateurs. Je ressentais que dans ce mot, il y avait toute une force : il n'avait pas dit dominateurs, mais DOMINATEURS.

Alors, je l'ai bien écouté et j'ai réalisé qu'il nous parlait de son intérieur. Mon papa m'a appris que dans les rêves et les signes, les oiseaux représentent le monde des pensées et que le vautour est un oiseau qui mange les animaux morts. Quand on sait que l'on parle toujours de nous-même en parlant de ce que l'on aime et de ce que l'on n'aime pas, ce que ce monsieur a dit m'a fait beaucoup réfléchir.

Lorsque nous écoutons avec le langage symbolique, nous pouvons voir que cet homme voulait beaucoup dominer et qu'il mangeait la pensée des autres.

Merci!! Mon Dieu

⊙

2

MERCI, MON DIEU

Un soir, alors que la conférence était terminée, j'aidais mon père à ranger le matériel. Un monsieur a regardé mon père et lui a dit que je travaillais bien, et mon père a continué la conversation en lui disant qu'il m'aimait très fort et que j'étais une bonne voyageuse. En disant ces phrases, mon père m'a prise dans ses bras et j'ai ressenti que la fille de cet homme, qui était présente, avait été très bouleversée et avait eu quelque chose sur le cœur en me voyant dans les bras de mon papa.

C'est fort, le ressenti, pour moi. C'est comme si je comprenais des choses sans que les gens en parlent. Ça me fait bizarre, parfois, et cela me mélange un peu. Je suis chanceuse car je peux en parler avec mon père et il m'aide beaucoup à comprendre ce que je ressens.

Cette jeune fille est handicapée. Ça ne doit pas toujours être facile pour elle et cela a dû être la même chose pour ses parents. C'est pour cela que je remercie le bon Dieu de m'avoir donné une belle vie.

Aidez-moi !!!

⊙

3

AIDEZ-MOI !!!

Je vais vous raconter une histoire qui m'est vraiment arrivée. Juste en disant quelques mots, nous pouvons changer la vie d'une personne...

Lorsque j'étais à l'école, il y avait une petite fille qui pleurait à chaudes larmes, toute seule dans son coin. Je lui ai alors demandé pourquoi elle pleurait. Elle m'a répondu qu'elle avait un grand chagrin parce que sa mère n'était vraiment pas gentille avec elle. Comme elle avait un grand chagrin, je me suis dit que je pouvais l'aider juste en lui posant des questions comme : Est-ce que tes parents sont séparés ? Est-ce que c'est tes deux parents qui sont comme ça ?

Elle m'a répondu que (oui) ses parents étaient séparés mais que son père ne voulait pas d'elle et, en plus, sa mère la haïssait. Elle était tellement bouleversée de m'en parler, elle m'a même avoué qu'elle voulait se suicider mais qu'elle aimait trop la vie pour cela. J'ai vraiment réalisé qu'il fallait que je l'aide encore plus en allant le dire à une surveillante de l'école, même si elle m'avait fait jurer de ne pas le dire.

Elle ne me remerciera sûrement jamais, mais je sais que je l'ai aidée dans son parcours.

Très
Spécial

⊙

4

UN CHANDAIL TRÈS SPÉCIAL

Durant la tournée du Canada, nous sommes allés dormir dans une auberge. Moi et mon père analysions les symboles comme nous le faisons toujours avec beaucoup d'amour. Nous avons aperçu la dame à qui appartenait l'auberge. Elle avait un chandail de TWEETY BIRD, en gros, gros, gros. C'était très spécial.

En sortant, nous l'avons analysée avec beaucoup d'amour. Premièrement, l'oiseau représente les pensées. Nous nous sommes dit que c'était relié aux pensées. Deuxièmement, le jaune représente la confiance. Donc, cela voulait dire qu'elle manquait de confiance, car tout ce que nous avons en trop à l'extérieur représente un manque à l'intérieur. C'est la même chose si nous avons trop de statues d'Anges dans notre maison. Les Anges sont reliés à la spiritualité. Alors cela indique qu'il y a un manque à l'intérieur.

Chips
NATURELS

⊙

5

LE SAC DE CHIPS NATURELS

À un moment donné, nous étions en voyage et nous avions un lunch. Tout à coup, j'ai eu le goût de chips naturels. J'ai demandé à mon père si je pouvais en prendre un peu et il m'a répondu que non, qu'il fallait attendre à samedi car nous en avions déjà mangé une fois cette semaine. J'avais tellement hâte à samedi que je pensais beaucoup à ça.

Rendue à samedi, je n'en ai pas mangé car je me suis dit qu'il fallait que je me calme un peu. Deux jours plus tard, j'en ai mangé. C'est comme ça qu'on apprend la maîtrise.

Le film
Blanche
Neige

⊙

6

ANALYSER UN FILM COMME UN RÊVE

Depuis que je suis toute petite, mon père m'apprend à regarder les films en analysant les symboles.

Si nous prenons le film *Blanche-Neige et les sept nains*, nous apprenons que ces petits nains sont chacun une partie de Blanche-Neige. Il y en a un qui s'appelle Simplet ; cela représente une partie en elle qui manque d'intelligence, mais qui est aussi comme un petit enfant. Dormeur, lui, représente une partie qui n'est pas consciente. Atchoum symbolise une partie fragile qui est facilement malade car son intérieur n'est pas assez fort. Grincheux, même si cela ne se voit pas dans Blanche-Neige, c'est comme une petite partie que nous retrouvons parfois en nous qui n'est pas contente de ce que nous vivons, comme expériences. Timide représente une partie qui est gênée et qui n'a pas confiance en elle. Joyeux est une partie en elle qui est contente. Et Prof est une partie en elle qui est très intelligente et qui est capable de coordonner toutes les autres parties en Blanche-Neige.

C'est comme cela que nous pouvons analyser les films comme un rêve.

Pourquoi ?

7

POURQUOI... ?

Cette histoire est arrivée à tous les enfants de la Terre...

Un après-midi, je suis allée voir ma famille et, au moment alors qu'il fallait rentrer à la maison, un membre de la famille m'a pincé les deux joues en voulant me donner un bec d'au revoir. Ça m'a fait mal. Je me suis demandé qu'est-ce qui poussait les adultes à faire ça. J'ai même remarqué ma petite cousine Ariel qui a deux ans et demi, et elle avait la même réaction que moi.

J'ai demandé à mon père pourquoi les adultes réagissent de cette façon, et il m'a répondu que certains adultes ont des manques d'amour à l'intérieur d'eux et de la possessivité. Il m'a expliqué que sur la Terre, il n'y a pas une personne qui dit je t'aime de la même façon, et que chaque personne exprime son amour avec ce qu'elle a dans son âme.

⊙

8

QUELQUEFOIS, JE PRÉFÈRE RESTER SEULE

Quelquefois, à l'école, je reste seule, à la récréation, car il y a beaucoup d'élèves qui ne jouent pas de la bonne façon et qui parlent uniquement de la mode et de certaines émissions de télévision.

Alors, quand je suis seule, ça me fait beaucoup réfléchir. Je m'installe dans un coin et j'observe discrètement avec amour quelques amis. Je regarde comment ils agissent, comment ils jouent et ça m'amène beaucoup de réflexions...

C'est drôle, mon papa m'a dit qu'il faisait parfois la même chose quand il était petit. C'est probablement pour cela que les Anges me l'ont choisi comme papa.

Hé! le petit soldat...

⊙

9

UNE DAME TRAVERSÉE PAR UNE PAROLE

J'étais avec Christiane. Nous étions en train de prendre une marche et nous parlions de signes. J'étais en train de sauter sur un pied. Christiane aime me voir sauter : elle trouve que je ressemble à une petite fille qui n'a pas de problèmes et qui est innocente. Tout à coup, une dame passe à côté de moi et me dit tout d'un coup : « Hé le petit soldat ! » J'ai été très surprise et j'ai demandé à Christiane qu'est-ce que ça pouvait bien vouloir dire. Elle m'a répondu que c'était une partie de la dame, de son enfant intérieur, qu'elle a projetée sur moi et qui indiquait qu'elle avait de la rigidité en elle.

Ensuite, nous parlions toujours de signes et, tout d'un coup, je me suis mise à dire qu'il faisait beau, mais plus j'y pensais, plus je trouvais qu'il faisait frisquet, et en plus, il ne faisait pas si beau que ça. Christiane s'est mise à rire et elle m'a dit : « Veux-tu que je te dise pourquoi tu dis ça ? » Je lui ai répondu que oui, que j'aimerais savoir pourquoi. Elle m'a dit que c'était parce qu'au moment même où elle se posait une question dans sa tête : « Est-ce que je lui en ai trop dit, à Kasara, sur les signes ? », moi, je lui répondais que j'étais contente de l'enseignement qu'elle m'avait donné en lui répondant qu'il faisait beau.

L'objectif de ma

Vie

⊙

10

L'OBJECTIF DE MA VIE

Moi, si les Anges le veulent, j'ai toujours rêvé de donner des conférences sur la spiritualité, d'élever mes enfants avec la spiritualité. Je sais que j'ai un long chemin encore à faire, plein d'expériences et de rêves, mais un jour, j'aimerais aider les gens en donnant des conférences... Et si, un jour, j'en donne, j'aurai encore beaucoup de choses à apprendre.

Un rêve qui s'est réalisé

⊙

II

UN RÊVE QUI S'EST RÉALISÉ

Dans mon rêve, *je suis sur un bateau avec des moutons blancs, et soudain, un gros dinosaure arrive et mange la laine des moutons. Les moutons se retrouvent sans leur laine, avec la peau rose. Ensuite, le dinosaure s'en va.*

J'ai demandé à mon père qu'est-ce ça pouvait bien vouloir dire. Il m'a demandé :
—Est-ce que tu te souviens de la signification du bateau ?
—Oui, le bateau est relié à la stabilité émotionnelle.

Ensuite, il m'a expliqué que le côté positif des moutons représente une partie de moi qui a de la facilité à suivre et à écouter. Le gros dinosaure qui arrive et qui mange la laine des moutons représente une vieille force négative qui provient de l'inconscient et qui déstabilise la belle énergie des moutons. Le fait que les moutons n'aient plus de laine sur le dos signifie que dans mes émotions —à cause du bateau—, aujourd'hui, j'aurai à vivre le sentiment d'être abaissée.

Dans la journée, j'ai senti mon rêve se réaliser. Je jouais à la corde à danser avec d'autres amies, puis, soudainement, elles ont décidé de changer de jeu, de jouer à un autre jeu qui n'est pas tellement juste, et moi, j'ai simplement dit non. Elles m'ont dit que j'étais plate, et moi, ça m'a abaissée, mais je suis restée dans la même décision.

Le Dessin

De

Ma petite

Cousine

⊙

12

AVEC SON CŒUR

Un matin, alors que j'étais avec ma petite cousine de trois ans, une personne de la famille est venue nous visiter. Nous parlions, et, tout d'un coup, il y a eu un grand silence. Ma petite cousine Ariel dessinait un beau soleil et cette personne a dit en la regardant : « Je suis sûre que quand elle sera grande, elle va devenir dessinatrice de vêtements de mode. »

J'ai été très surprise de son affirmation, car être dessinatrice de vêtements n'avait aucun rapport avec un beau soleil. J'ai tout de suite compris que c'était un de ses rêves à elle et que cela ne correspondra probablement pas au destin d'Ariel.

Plus je grandis, plus je comprends que les gens parlent toujours d'eux. Depuis que je suis toute petite, mon père m'apprend à bien écouter les gens en profondeur et il me répète souvent qu'il faut toujours le faire avec son cœur.

Mon Tapiz
De
Yoga

⊙

13

MON NOUVEAU TAPIS DE YOGA

Une nuit, j'ai rêvé que *je fabriquais un tapis de yoga et que j'y dessinais un soleil jaune avec des rayons oranges, puis des arbres verts avec des troncs bruns. Mon père était là et me souriait.*

Le matin, je me suis réveillée et mon rêve m'intriguait beaucoup. Donc, j'ai demandé à mon père de me l'expliquer. Il m'a dit que c'était un très beau rêve et que cela voulait dire qu'en ce moment, je construisais ma spiritualité. Le soleil jaune explique que je le fais avec confiance, ses rayons oranges, que je le fais avec la pureté, et les arbres symbolisent que les exercices de yoga m'aident à enraciner ma spiritualité sur la Terre. La présence de mon père explique que ce rêve se réalise dans la réalité, car la mère représente l'intérieur et le père, l'extérieur. Mon papa était content de mon rêve : comme dans mon rêve.

Quelques jours plus tard, mon père est venu me chercher à l'école, puis je lui ai demandé : « Qu'est-ce que j'ai de nouveau ? ». Il a cherché, cherché, puis il m'a dit :
—Ah ! tu as fais couper tes cheveux.
—Oui, papa, mais c'est pas ça.
—Tu as de nouvelles boucles d'oreilles.
—Oui, papa, mais c'est pas ça. Tu n'as pas remarqué mon nouveau tapis de yoga, dans mon énergie ?

Il m'a souri et m'a prise dans ses bras en me disant : « Je t'aime. »

Achaiah Achaiah,

Achaiah

il faut toujours donner

L'exemple ...

⊙

14

IL FAUT TOUJOURS DONNER L'EXEMPLE

Un matin, je suis allée chez ma petite cousine Ariel et il y avait des invités, dont un petit bébé de huit mois et ses parents. Tout d'un coup, cette petite fille qui s'appelle Anaïs pleurait beaucoup. Sa mère est allée chercher des couches pour la changer, et moi, j'ai commencé à invoquer l'Ange ACHAIAH, l'Ange de la patience, devant Anaïs. Tout de suite, elle a arrêté.

Ariel a bien remarqué qu'elle ne pleurait plus. Tout le monde sait qu'un petit bébé pleure souvent. Un petit moment plus tard, Anaïs a recommencé à pleurer à nouveau, puis Ariel, qui a seulement deux ans et demi, a commencé à dire avec une voix douce à Anaïs: « ACHAIAH, ACHAIAH, ACHAIAH. » Moi et la maman d'Anaïs, on s'est regardées en souriant de bonheur.

Depuis ce moment, j'ai vraiment réalisé qu'il faut toujours donner l'exemple.

L'encre

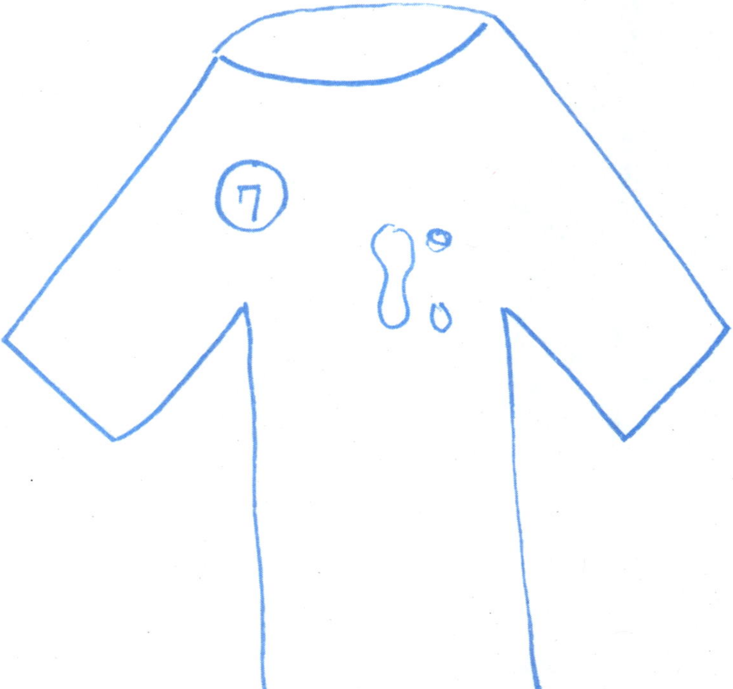

Rouge

⊙

15

L'ENCRE ROUGE

Juste avant de prendre l'avion pour aller enseigner dans un autre pays, nous sommes allés dans un magasin pour m'acheter un chandail à manches courtes. Depuis plusieurs jours déjà, je travaille avec l'Ange 7 ACHAIAH, l'Ange de la patience, et, comme par magie, nous avons trouvé un chandail blanc avec le chiffre 7 inscrit dessus.

Quelques jours plus tard, durant notre voyage en Suisse, j'étais en train de faire mes devoirs et j'utilisais un crayon rouge. À un moment donné, le crayon a brisé et a laissé des traces d'encre rouge sur mon chandail blanc. Tout de suite, Christiane a pris mon chandail et a commencé à le nettoyer en me demandant gentiment: «C'est quoi, le signe, Kasara?» Puis je lui ai répondu en souriant que le rouge représente la matière, que je faisais mes devoirs un peu trop vite et que je les faisais pas assez avec patience.

J'ai reçu tout un bel enseignement avec l'Ange ACHAIAH. Je vais m'en souvenir longtemps...

Ce que tu sèmes
tu le récoltes...

Le comportement de Karl

⊙

16

LE COMPORTEMENT DE KARL

J'aime beaucoup voyager car j'étudie la vie de différentes façons. En rencontrant des gens, en écoutant leurs témoignages et en observant leurs comportements, j'écoute les signes.

Dernièrement, nous étions gentiment invités à dormir chez une dame qui a un fils qui se prénomme Karl. Je l'avais rencontré un an auparavant, et là, je constatais qu'il avait beaucoup changé. La première fois que je l'avais rencontré, il était plutôt gentil, mais là, je trouvais qu'il était très impoli et désagréable avec nous et avec sa mère. En écoutant les signes durant la conversation que mon père avait avec sa mère et lorsque Karl n'était pas là, mon père a demandé à sa mère si Karl venait manger à la maison lorsqu'il allait à l'école. Elle a répondu un non qui manquait d'amour en ajoutant qu'elle avait beaucoup de travail et que cela lui faisait un grand repos. J'ai tout de suite ressenti que son travail était plus important que son enfant, et cela est le problème de plusieurs mamans et de plusieurs papas.

Maintenant, je comprends mieux le problème de Karl, mais il faut savoir que dans une autre vie, il a dû faire la même chose que sa mère. Mon papa m'a appris que *La vie est comme un jardin : ce que tu sèmes, tu le récoltes.*

Ce que tu faiz tu te le faiz faire...

⊙

17

CE QUE TU FAIS, TU TE LE FAIS FAIRE

Un matin, je me suis réveillée très agitée. Ce jour-là, j'ai senti que j'avais beaucoup de force et que je ne la maîtrisais pas bien. Ça m'a fait faire quelques actes manqués. Exemple: j'interrompais une conversation parce que je voulais suivre mon idée, ou j'affirmais des informations qui n'étaient pas tout à fait justes, ou encore, j'avais quelques petites impatiences. Mes parents m'ont fait remarquer que mon énergie était lourde.

Dans la soirée, j'ai reçu tout un enseignement, sans que je le réalise tout de suite. J'ai raconté ce que j'avais vécu à Christiane: «Imagine-toi, à la pause de la conférence, lorsque je donnais les Anges — par rapport à leur date de naissance et leur heure de naissance —, j'étais avec un monsieur et je lui donnais ses trois Anges et, en même temps, une dame très impatiente m'interrompait. Elle me secouait le bras parce qu'elle voulait connaître tout de suite ses trois Anges. Je lui disais: "Attendez une minute, madame, je suis avec ce monsieur." Mais elle continuait à me secouer le bras et me posait d'autres questions d'une manière très, très impatiente en m'interrompant et en me donnant directement sa date de naissance. Puis, en plus, dans son agitation, elle ne se rendait pas compte qu'elle me poussait contre le monsieur. Et imagine-toi que le monsieur était dans le même genre d'énergie qu'elle, et il s'est mis à me frotter les cheveux en me dépeignant complètement.»

En écoutant cette histoire, Christiane éclate de rire en me disant: «Cela ne te rappelle pas quelque chose? Regarde, le bon Dieu te fait vivre d'une manière plus concrète, plus physique, ce que toi, tu as fait vivre aux autres aujourd'hui. Mais dans ton cas, c'était à l'intérieur de toi. C'était plus dans ton énergie que dans tes actions.»

On a alors bien ri, toutes les deux.

18

L'OISEAU MALADE

L'autre jour, nous étions en train de prendre une marche avec une dame. À un moment donné, alors que nous montions des marches de pierres, nous avons aperçu sur l'escalier un oiseau malade. Cette dame qui pratique les soins énergétiques a essayé de le guérir. Dans son énergie, on pouvait facilement ressentir qu'elle voulait nous impressionner beaucoup plus que de guérir l'oiseau. Je ressentais que l'oiseau avait peur et que l'énergie de cette dame lui criait : « Guéris ! » Par la suite, en redescendant les marches, nous avons remarqué que la ruelle où l'événement s'était produit portait le nom de cette dame. Moi, papa et Christiane avons silencieusement échangé un regard de compréhension...

Le lendemain matin, alors que nous étions chez cette dame, j'étais avec elle dans la cuisine et, tout d'un coup, un autre oiseau noir, identique à la journée précédente, est rentré dans la maison alors que la fenêtre était ouverte. Ensuite, l'oiseau s'est affolé et a laissé quelques plumes dans la salle à manger. J'ai fait une remarque à la dame en lui disant : « Il ressemble à l'oiseau d'hier ! » La dame a ouvert la fenêtre pour le laisser partir. Elle n'avait pas fait le lien que l'oiseau était une représentation de ses pensées et qu'il venait lui porter un message.

Le message reviendra un jour sous une forme ou sous une autre. Ce n'était pas à nous de le lui dire, car elle n'était pas encore prête...

⊙

19

UN FOULARD SUR MES PENSÉES

Mon père et moi, nous vivons normalement toujours dans l'harmonie, la douceur et la paix. Depuis que je suis toute petite, nous avons cette relation d'amour et de confiance, et, à cause de cela, j'ai toujours eu de la facilité à respecter sa juste autorité.

Mais, l'autre jour, c'était plus fort que moi. J'étais continuellement en train de l'obstiner sur des petits détails. À un moment donné, mon père m'a dit: « Mais qu'est-ce que tu as, aujourd'hui, Kasara ? Qu'est-ce qui se passe ? » Dans la nuit, On a envoyé un rêve à mon papa — qu'il m'a raconté le lendemain — pour lui expliquer mon comportement. Dans son rêve, *il voyait deux Kasara, il y en avait une qui était moi à l'âge de neuf ans, et une qui avait trois ans. La plus grande voulait s'occuper de la petite sans que mon père intervienne. Celle de neuf ans avait un foulard sur la tête et elle refusait l'aide de mon père.*

Ce rêve expliquait exactement ce que j'étais en train de vivre. Mon père m'a expliqué que le foulard sur la tête voulait dire que j'étais dans ma bulle et que je me fermais aux idées des autres. Durant la semaine, j'ai fait très attention à cette petite énergie que j'ai bien reconnue en moi, et mon père parfois me rappelait avec un petit sourire d'amour: « Kasara, attention, ton foulard... » Et oups ! je l'enlevais tout de suite.

20

UNE HAUTE MONTAGNE ENNEIGÉE

Une nuit, j'ai fait un rêve. *J'étais à vélo et je devais monter une grosse montagne de neige. Je sentais que j'aurais le courage de la monter.*

Dans la journée, j'ai ressenti mon rêve : je ressentais la neige en moi comme des émotions froides qui amenaient de la solitude. Cela faisait remonter à la surface des souvenirs. C'était un peu mélangé en moi. J'ai donc décidé, dans l'après-midi, de faire une sieste méditative pour retrouver quelques forces, car une haute montagne enneigée m'attendait. Christiane m'a alors massée tendrement et, toutes les deux, nous répétions intérieurement le nom d'un Ange. Après quelques instants, une larme a coulé de mon œil droit. Alors Christiane m'a dit tout doucement : « La neige est en train de fondre. » Sans ouvrir les yeux, je lui ai répondu oui. Puis je me suis sentie transportée.

Quel rêve

l'eau

l'air

Le feu

La terre

Les couleurs

Vont-ils inventer?

⊙

21
UN JEU ÉDUCATIF

Un matin, je me préparais à recevoir quelques amis. On prévoyait aller à la plage, mais, à la météo, ils annonçaient qu'il allait peut-être pleuvoir. En ouvrant mon tiroir, j'étudiais mes jeux attentivement et je me rappelais d'une expérience que j'avais vécue chez des amies. Une petite fille voulait jouer au Monopoly. Mais quand on jouait à ce jeu, l'énergie n'était pas très belle: tout était basé sur vouloir gagner pour avoir de plus en plus d'hôtels, et ça ne me convenait pas.

Donc, pour la venue de mes amies, j'essayais de trouver un bon jeu. J'y ai pensé et, finalement, j'ai décidé d'en inventer un. Je me rappelais des jeux que je faisais avec mon père; j'aimais tellement ça. Il me disait: « Mets-toi à la place d'un Guide des mondes parallèles. Qu'est-ce qu'Il enverrait, comme enseignement, à une petite fille qui a désobéi à ses parents ? » Et je m'amusais beaucoup, car je faisais comme le Guide: j'inventais un rêve pour que la petite fille comprenne ce qu'elle avait à changer dans son comportement.

Donc, j'ai décidé de faire ce jeu avec mes amies. Pour cela, j'ai préparé cinq petites affiches des éléments les plus importants pour que les amies aient plus de facilité. La première affiche représente l'eau; l'eau symbolise les émotions, par exemple un bateau, un poisson, etc. La deuxième affiche représente l'air; l'air symbolise les pensées, par exemple un oiseau, un avion, etc. Tout ce qui vole. La troisième affiche représente le feu; le feu représente l'esprit et l'énergie vitale, par exemple une maison qui prend feu symbolise que dans l'intérieur de la rêveuse il y a une énergie destructrice. La quatrième affiche représente la terre; la terre symbolise le corps physique et l'action. La cinquième affiche parle de la symbolique des couleurs: le violet représente la connaissance spirituelle; indigo, voir avec le troisième œil; bleu, la communication; vert, l'amour; jaune, la confiance; orange, la pureté; et rouge, la matérialisation. Je connais ces symboles autant que a, b, c. Depuis que je suis petite que je les apprends.

J'ai très hâte de voir comment elles vont réagir et quels rêves elles vont inventer, car mes amies auront, avec les symboles des affiches, à bâtir des rêves.

Être une
Mère

⊙

22

ÊTRE UNE MÈRE

Un matin, j'ai regardé une émission à la télévision et ça m'a fait beaucoup méditer sur le rôle des femmes. À notre époque, les femmes se sont perdues dans la matière, dans le travail, et elles se sont éloignées de l'essentiel : être une mère.

Maintenant, les femmes recherchent des responsabilités dans leur travail extérieur et elles ont besoin de sensations. Elles en oublient d'être réceptives, douces, patientes, et, très vite, elles oublient leur mari. Il y a la dispute, et souvent la femme prend trop de place dans le couple. Il n'y a plus de vrai modèle pour les enfants.

En changeant son intérieur, la femme pourrait restructurer le couple. Si la femme changeait sa vision et découvrait l'importance d'être mère et l'influence qu'elle joue envers ses enfants, elle réaliserait à quel point ses enfants ont besoin d'elle pour bien grandir. N'est-ce pas là une des plus grandes responsabilités ?

Hé! viens me ramasser!

⊙

23

LES PAPIERS QUI L'APPELLENT

Je marchais avec mon père dans la rue quand, soudain, j'ai vu une bouteille vide qu'une personne avait jetée sur le sol. En regardant la bouteille, j'ai dit à mon père qu'elle ressemblait à la mienne. Quelques pas plus tard, mon père m'a dit : « Ce que tu m'as dit est un signe. Nous devons ramasser cette bouteille. » Ensuite, je suis allée la jeter dans une poubelle et mon papa m'a raconté une histoire.

Quand il a débuté son cheminement spirituel, à chaque fois qu'il voyait un papier, il le ramassait. À un moment donné, il était étourdi car il faisait cela très, très souvent. Il a compris qu'il ne pouvait pas ramasser tous les papiers de la Terre car il allait devenir fou. Maintenant, il ramasse seulement, en plus des siens, les papiers qui l'appellent.

C'est Magique

⊙

24

LA BÉNÉDICTION DU REPAS

Durant un camp d'été de l'univers/cité mikaël, à table, mon père m'a demandé de faire la prière avant le repas. Une dame m'a suggéré de l'écrire dans mon livre...

Merci mon Dieu, de nous avoir tous réunis. Merci pour ce bon repas. Inspire-nous pour que nous devenions de meilleures âmes. Cela me fait parfois beaucoup réfléchir... Merci pour les expériences que Tu nous donnes.

Quand j'étais petite, la prière n'était pas très importante pour moi. Avec le temps, par l'exemple de mes parents, la prière est devenue un moment qui m'aide à réfléchir sur la vie et à mieux comprendre l'abondance que nous avons. Mon père faisait toujours, lorsque j'étais plus petite, des prières avec des messages que je pouvais comprendre. Maintenant, je le fais pour moi-même, dans mes méditations, dans mes pratiques récitatoires. Dans ma tête, je parle à Dieu, aux Anges, et Ils me répondent par des symboles. C'est magique !!!

Je connais déjà la réponse.

25

LA NOURRITURE VÉGÉTARIENNE

Moi, je suis végétarienne avec mon papa depuis que je suis toute petite. Je trouve que la nourriture végétarienne est importante, car nous n'avons pas besoin de tuer des animaux pour manger. Mon papa m'a appris que *On devient ce que l'on pense, on devient ce que l'on mange. Alors, pense à ce que tu manges.* Il m'a aussi appris à respecter les choix de chaque personne, et il m'a toujours dit que lorsque je serai grande, ce sera à moi de décider si je serai végétarienne avec mes enfants. Et je lui réponds toujours, avec un beau sourire, que je connais déjà la réponse.

J'aime faire
mon lit...

⊙

26

J'AIME FAIRE MON LIT

Moi, j'aime faire mon lit, depuis que Christiane m'a appris que si je ne faisais pas mon lit avant de débuter ma journée, cela voulait dire que dans mon intérieur, mon intimité n'était pas en ordre. Depuis ce temps, quand je me réveille, c'est la première action que je fais, car sinon, je ressens que l'énergie de ma journée va être en désordre. Quand on comprend, c'est facile d'aimer faire son lit !

Le goût

Les avocats

Ça se développe...

⊙

27

LE GOÛT, ÇA SE DÉVELOPPE

Quand je n'aimais pas un aliment et qu'il arrivait dans mon assiette, mon père me disait toujours : « Ah ! tu n'aimes pas ça. Alors s.v.p., manges-en deux bouchées, juste deux bouchées. » Je les mangeais et il m'encourageait avec beaucoup d'amour.

Je réalise aujourd'hui, avec mes neuf ans, qu'il me faisait avancer, de bouchée en bouchée, avec des petits objectifs. Un jour, je n'ai pas voulu écouter et j'ai fait une petite crise de larmes car je ne voulais pas manger les morceaux d'avocat que j'avais dans mon assiette. Alors, mon père a réglé la situation en me disant : « Soit que tu manges tes petits morceaux d'avocat, soit que tu n'auras pas un autre repas tant que tu n'auras pas mangé tes petits morceaux d'avocats. » Imaginez-vous qu'aujourd'hui j'adore les avocats ! Mon père est très intelligent et il est tout un coquin !

Le goût, ça se développe.

Ce que Dieu à décidé pour moi.

28

CE QUE DIEU A DÉCIDÉ POUR MOI

Nous étions, Christiane et moi, près d'un lac qui porte le nom Soleil. Je m'amusais avec elle dans l'eau et, grâce à la légèreté de l'eau, je la portais dans mes bras.

À un moment donné, j'ai dit à Christiane que quand je serai grande, j'aimerais donner des conférences sur l'Angéologie et des cours de yoga comme elle. À cet instant, deux libellules bleu ciel se sont posées sur le côté gauche de ma tête et j'ai été très surprise. Ensuite, comme par magie, les deux libellules bleu ciel se sont envolées pour se poser sur le côté gauche de la tête de Christiane. Wow ! c'était tout un signe qui nous a donné des frissons.

Nous verrons, quand je serai grande, ce que Dieu a décidé pour moi.

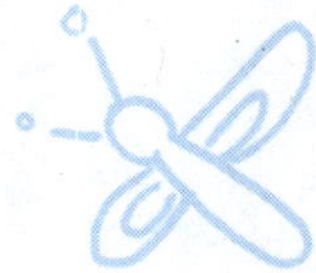

Je me représente

Moi-même

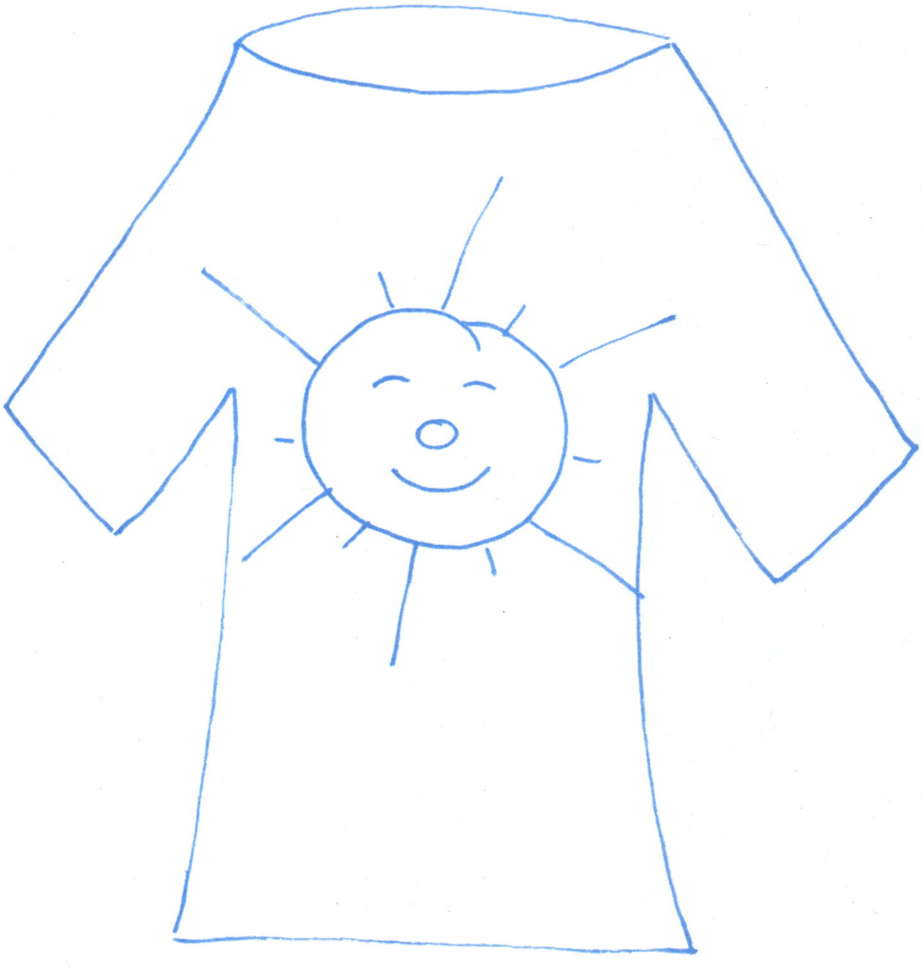

29

JE ME REPRÉSENTE MOI-MÊME...

Mon père m'a appris à comprendre les vêtements comme des symboles. Si nous portons une jupe trop courte, cela représente qu'on veut séduire. Si nous portons un chandail avec une tête de mort, cela symbolise la destruction, la colère et l'agressivité consciente ou inconsciente. Chacun des vêtements que nous portons représente nos états d'âme.

Moi, maintenant, quand je vais au magasin avec ma mère ou mon père, j'aime choisir des vêtements avec des couleurs vivantes et des beaux symboles, car je me représente moi-même...

Se souvenir d'une...

Leçon

⊙

30

SE SOUVENIR D'UNE LEÇON

Lorsque j'étais avec ma petite cousine Ariel qui va bientôt avoir trois ans, il s'est produit tout un événement.

Nous étions en train d'écouter le film *Lilo et Stitch* de Walt Disney. Ariel était très concentrée sur ce film. Après le film, je lui ai passé un petit message: «Regarde, Ariel, quelquefois, tu es excitée comme Lilo. Il faudrait que tu fasses attention à ton comportement.»

Quelques jours plus tard, lorsqu'elle était avec son père, il lui a dit: «Ariel, fais attention, tu es trop excitée.» Elle lui a répondu: «Je suis comme Lilo, papa, je suis comme Lilo.» Quand sa maman nous a raconté ce qui s'était passé au déjeuner, j'ai été impressionnée par cette petite fille de trois ans qui s'était souvenue de sa leçon.

Dans l'après-midi, alors que nous étions les trois, Ariel, Christiane et moi, nous avons félicité Ariel en lui disant: «C'est beau, Ariel, tu as dit à ton papa que t'étais comme Lilo et tu as réalisé que tu devais changer.» Alors, elle faisait un signe de oui avec sa tête. À ce moment-là, elle était belle, elle rayonnait comme un Soleil. L'énergie était tellement belle et intense — difficile à décrire — que des larmes de joie coulaient sur nos joues, autant à Christiane qu'à moi.

Alors, Ariel s'est mise à parler en symboles pour décrire les états de conscience que nous vivions: elle s'est mise à pointer du doigt dans l'air où il n'y avait rien et elle a dit: «Lumière.» En réalité, il n'y avait pas de lumière. Puis elle a montré son vêtement et elle a dit: «Rose.» Ensuite, elle a touché ma veste et a ajouté: «Jaune.» Elle décrivait par le rose, l'amour qui se dégageait de nous; par le jaune, elle décrivait la lumière, la confiance de la compréhension.

Je vais me souvenir de cet instant toute ma vie...

⊙

31

J'AI RÉALISÉ QUE JE LA JUGEAIS

Durant un camp d'été où j'accompagnais papa et Christiane, j'ai remarqué une femme qui était beaucoup dans la séduction. À un moment donné, elle était toujours proche d'un homme qui était avec sa femme et qui a deux enfants qui sont mes amies. À plusieurs reprises, je remarquais qu'elle essayait d'attirer son attention vers elle. C'était énergétique, mais pour moi, c'était très évident. Elle faisait cela probablement sans s'en rendre compte.

J'en ai parlé à Christiane et elle m'a confirmé ce que je ressentais, même que la femme de cet homme était venue lui parler de son petit dérangement. Après, j'ai réalisé que je la jugeais. À un moment donné, je la regardais en l'analysant et nos regards se sont croisés. Elle est venue vers moi et m'a donné un signe en me secouant les cheveux. Cela a saisi ma pensée et j'ai réalisé que je manquais d'amour envers cette femme.

La planète

ORANGE

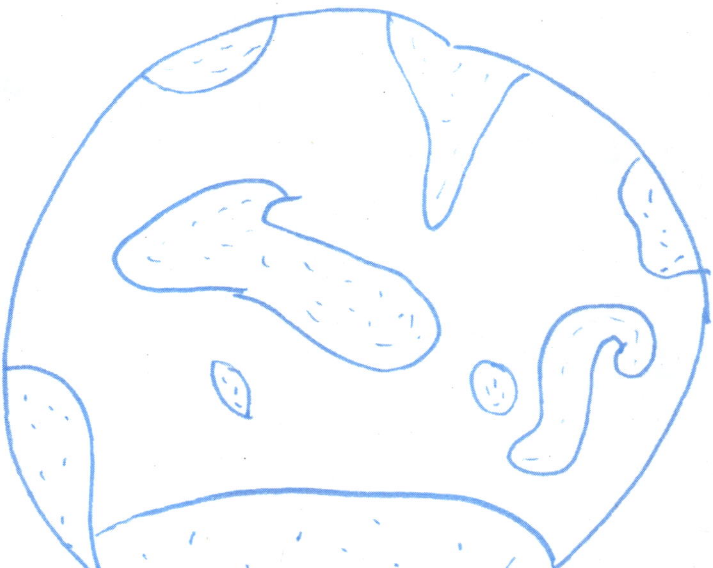

L'adolescence

⊙

32

L'ADOLESCENCE

Un soir, alors que nous étions dans le bain et que nous avions allumé des chandelles, Christiane et moi parlions du feu en admirant les bougies. Moi, j'ai toujours été très prudente avec le feu, car mes parents me disaient de faire attention. Juste après cette conversation, je disais à Christiane : « Imagine-toi, je vais bientôt avoir 10 ans. Je m'approche de l'adolescence. » Christiane me disait : « Pendant l'adolescence, c'est comme si ce feu se réveille en nous. Ce feu peut soit détruire, soit amener la lumière de la Connaissance avec un cœur pur. »

Dans la nuit, j'ai reçu deux rêves. *J'étais avec Christiane et on répétait toutes les deux ensemble le nombre 28 qui correspond à l'Ange Seheiah, l'Ange de la prévoyance, de la prudence.* Ensuite, mon autre rêve, c'était que : *Je jouais au walkie-talkie avec mes amies et j'ai été transportée sur une autre planète, une planète orange. Mes amies ne pouvaient pas venir me rejoindre, et je pouvais marcher tout autour de cette planète, même avec la tête à l'envers.*

Ces deux rêves prolongeaient la conversation que j'avais eue avec Christiane et montraient qu'un travail intérieur était en train de se faire en moi. Cela, pour développer une grande protection qui m'amène à la pureté, symbolisée par la planète orange. Cette couleur correspond au deuxième chakra qui est relié entre autres à la pureté.

En toute simplicité

①	②
à l'intérieur de nous	à l'extérieur de nous
il veut construire à l'intérieur. Donc il le manifeste à l'extérieur. →	Dans le corps physique, en toute simplicité.

⊙

33

EN TOUTE SIMPLICITÉ

Un drap, un sac de couchage, des pinces à linge, quelques planches de bois et des pierres pour faire une cabane...

Quand je suis avec mes amies, j'adore construire des cabanes et j'ai remarqué que pratiquement tous les enfants aiment faire ce jeu. Dernièrement, j'étais avec ma petite cousine Ariel qui a trois ans, et nous avions construit une cabane à l'intérieur de la maison. Nous invoquions l'Ange 3 Sitael, qui est l'Ange de la construction.

Christiane m'a expliqué la raison pour laquelle les enfants aimaient tant construire des cabanes et cela, depuis des générations. Malgré les progrès de la technologie qui permettent la fabrication de jouets très sophistiqués, la cabane est restée, dans le cœur des enfants, un jeu extraordinaire.

Au-delà du jeu, c'est l'âme qui veut se construire de l'intérieur, et elle le manifeste à l'extérieur en toute simplicité.

Un amour

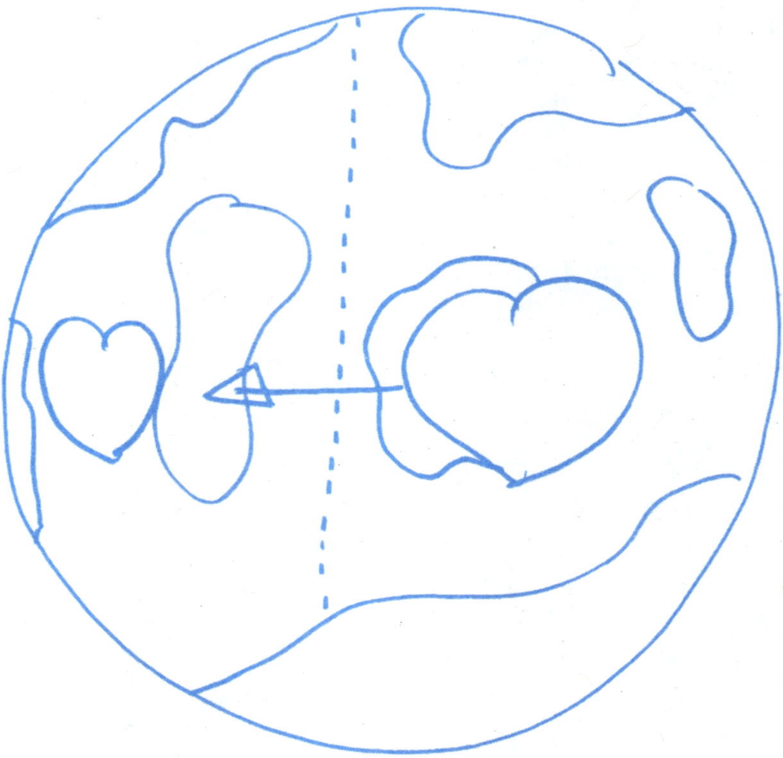

Sans limite...

34

UN AMOUR SANS LIMITE

Un jour, alors que nous faisions la prière pour bénir le repas et remercier les Anges, soudainement, une chanson jouait dans ma tête. J'ai été très surprise et je me disais: « Mais pourquoi cette chanson vient dans ma tête, alors que je fais ma prière ? » Voici ce qui jouait dans ma tête :

Vivre en amour tous les jours, s'aimer tout le temps, se parler, se connaître beaucoup mieux qu'avant, car la Terre sans frontières n'est pas jeu d'enfant...

Alors, je me suis souvenue de toutes les explications que mon papa m'avait données à ce sujet. C'était un signe par lequel les Anges me montraient, par des mots et une chanson, l'état de conscience qui avait été déclenché en moi : un Amour sans limite...

Cache Cache

On se
Découvre
Soi-même

35

CACHE-CACHE

On se

Tous les enfants aiment jouer à cache-cache, même si on a beaucoup d'autres jeux plus sophistiqués. J'ai demandé à mon père quelle était la symbolique de jouer à cache-cache. Il m'a répondu que les enfants aimaient jouer à cache-cache parce que, dans la vie, on a

Découvre

beaucoup de parties en nous à découvrir. Donc, quand on joue à cache-cache c'est comme avec la destinée : on ne sait pas ce qui va nous arriver et quelle expérience on aura à vivre pour devenir une meilleure âme.

Soi-même

Quand on joue à cache-cache, on se découvre soi-même...

Il faut Apprendre à ne pas bousculer...

car mes idées tournent trop vite dans ma tête...

36

APPRENDRE À NE PAS BOUSCULER

Pendant que mon papa se brossait les dents, j'avais pris l'habitude de le déranger et de lui poser des questions en même temps. Il me disait : « Attends Kasara, s.v.p. » Je l'écoutais lorsqu'il me le disait, mais, les fois d'après, je recommençais. Alors, un jour, il m'a bien expliqué : « Kasara, tes idées tournent trop vite dans ta tête. Il faut que tu apprennes à attendre le bon moment. Quand tu fais cela, tu me bouscules. »

J'ai réalisé qu'il avait bien raison, mon papa d'amour, et que parfois j'ouvrais même la porte pour lui parler quand il était à la toilette. Imaginez-vous ce qui vient de m'arriver maintenant : en écrivant cette phrase, la porte de la toilette s'est ouverte toute seule. Oh ! la, la, tout un signe que je viens de recevoir ! Je viens d'apprendre à ne plus bousculer avec mes idées.

12
1
2
3
4
5
6

⊙

37

DE LA BUÉE DANS MA MONTRE

Un matin, je me suis réveillée avec de la buée dans ma montre. Ce matin-là, je me sentais brassée dans mon intérieur. Je me posais beaucoup de questions sur la vie de certains adultes et j'étais un peu mélangée. J'ai parlé à une personne de ma famille qui, elle aussi, avait en même temps que moi de la buée dans sa montre et ça faisait une semaine que ça durait.

Un peu plus tard, dans la soirée, j'ai fait remarquer à Christiane ce qui m'était arrivé. Nous avons eu une bonne conversation. J'ai alors compris la symbolique de ce signe. La buée est l'eau, l'eau représente les émotions, et la montre symbolise le temps. Donc, c'était un signe que Dieu m'envoyait pour que j'arrête de perdre mon temps à brasser inutilement mes émotions.

Et Christiane m'expliquait que lorsqu'on comprend un signe en profondeur, il n'a pas besoin de rester longtemps... Le lendemain matin, je me suis réveillée très surprise car il n'y avait plus de buée dans ma montre. Vu que j'avais compris le signe, les Anges se sont dit que je n'avais pas besoin d'une semaine, mais d'une seule journée, pour comprendre le signe.

1 vie	2 vie	3 vie	4 vie	5 vie
6 vie	7 vie	8 vie	9 vie	10 vie
11 vie	12 vie	13 vie	14 vie	15 vie

Nous avons

plusieurs vies...

⊙

38

DANS UNE AUTRE VIE

En fin d'après-midi, alors que j'étais avec quelques amies, nous avons décidé de construire une cabane dans la maison. À la fin de la soirée, on aurait eu le goût de la garder pour le lendemain. Christiane m'a expliqué que cela prenait pratiquement toute la chambre à coucher et qu'il fallait la défaire. J'étais déçue et j'insistais un peu pour qu'on la garde.

Christiane m'a rappelé que les moines tibétains faisaient des immenses mandalas avec du sable et des roches colorées, et cela, pendant des années, puis en quelques secondes, un moine enseignant venait le défaire pour leur apprendre que la matière est temporelle et pour qu'ils ne s'attachent pas à leur œuvre. Ça a fait Clic! dans ma tête et j'ai retrouvé le même goût pour la défaire que pour la construire.

Dans la nuit, j'ai reçu un rêve. *Je me voyais avec des moines tibétains, et mon père et Christiane étaient présents. Tous ensemble, on se préparait à méditer une dernière fois avec les moines car une autre étape nous attendait. Avant cela, je me voyais aller deux fois aux toilettes, Christiane y allait aussi deux fois, et mon papa, une fois. Puis cette méditation se faisait avec un grand sens sacré et beaucoup de respect. Ensuite mon père emportait les bagages dans la voiture.*

Maintenant, je comprends que les moines tibétains, c'est une première étape, et qu'une autre m'attend: fonder une famille et avoir des enfants et les élever avec la spiritualité. J'ai dû être un moine tibétain dans une autre vie...

39

LA PROFONDEUR DES CHOSES

Un dimanche après-midi, alors que papa, Christiane et moi, nous faisions le désherbage autour de la maison, je n'avais pas tellement le goût de faire cette activité et cela paraissait dans mon attitude. Durant notre travail, mon père m'a raconté une histoire.

Lorsqu'il était en voyage de méditation aux États-Unis, il était hébergé chez des gens et, en échange, il devait faire du travail de jardinage et d'entretien autour de la maison. Un dimanche comme aujourd'hui, il travaillait dans le jardin avec leur famille. Mon père les avait avertis qu'en faisant le désherbage, il travaillait sur son intérieur et qu'il le faisait tranquillement. Les gens trouvaient ça drôle car mon père avait fait un petit carré de désherbage pendant qu'eux avaient fait une grande partie du jardin. Deux ans plus tard, mon père a eu des nouvelles d'eux et ils lui ont dit qu'ils trouvaient très spécial que l'endroit où il avait fait le désherbage n'avait plus repoussé depuis ce temps, tandis que la partie qu'eux avaient faite était toujours à refaire.

Cette histoire m'a inspirée sur la profondeur des choses.

Wow!
Il est géant!

40

LE VIEUX SAGE

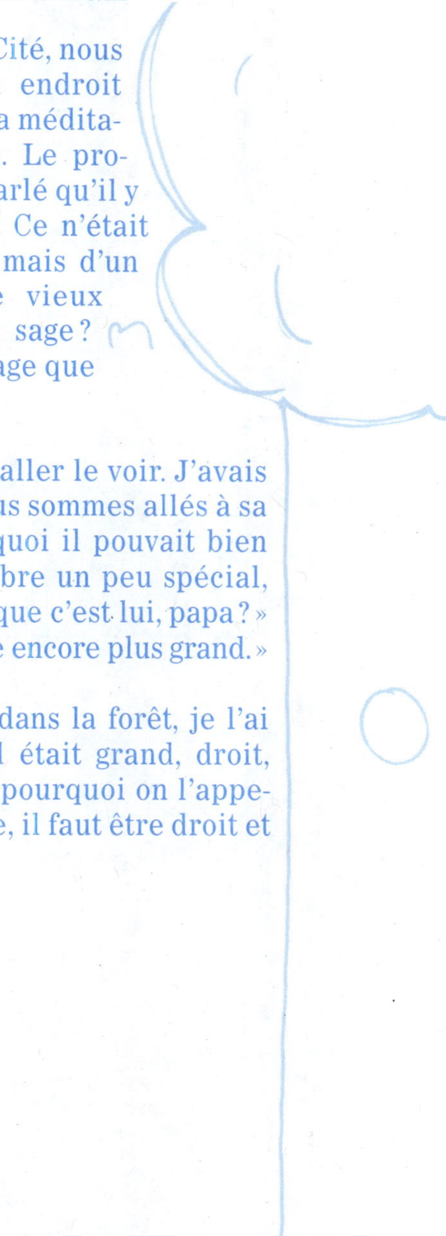

Durant le camp d'été de l'Univers/Cité, nous habitions dans une auberge, un endroit magnifique qui inspire les gens à la méditation et à la recherche intérieure. Le propriétaire de l'auberge nous avait parlé qu'il y avait un vieux sage dans la forêt. Ce n'était pas d'une personne qu'il parlait, mais d'un arbre. Pourquoi l'appelait-il le vieux sage ? Pourquoi disait-il le vieux sage ? Pourquoi disait-il qu'il était plus sage que les autres arbres ?

J'ai demandé à papa si on pouvait aller le voir. J'avais bien hâte d'aller le rencontrer. Nous sommes allés à sa recherche et je me demandais à quoi il pouvait bien ressembler. Quand je voyais un arbre un peu spécial, je demandais à mon père : « Est-ce que c'est lui, papa ? » Il me répondait : « Non, il devrait être encore plus grand. »

A un moment donné, en avançant dans la forêt, je l'ai trouvé : « Wow ! Qu'il est beau ! » Il était grand, droit, solide et majestueux. J'ai compris pourquoi on l'appelait le vieux sage car, pour être sage, il faut être droit et juste. Quelle belle aventure !

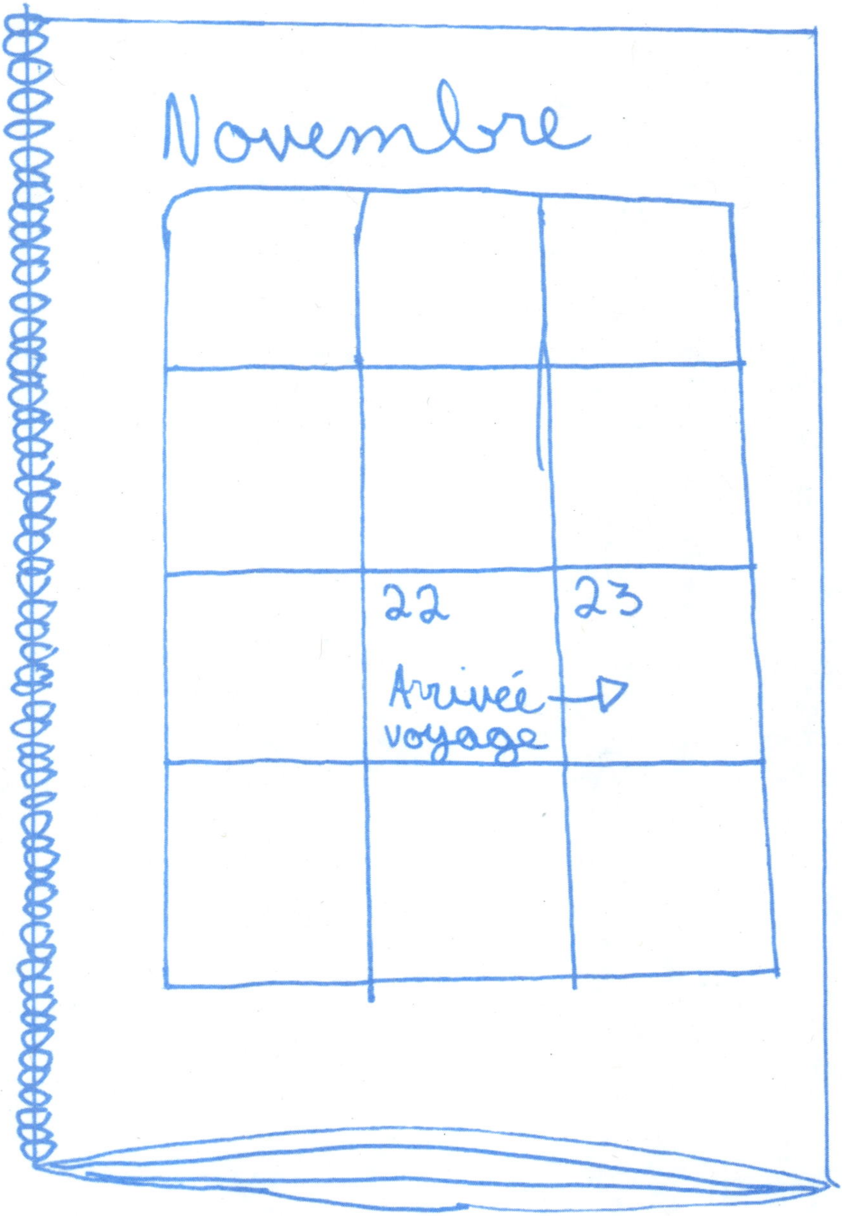
Novembre
22
23
Arrivée →
voyage

⊙

41

LE MOMENT PRÉSENT

J'aime avoir un agenda et être bien organisée comme ma maman. J'écris les dates d'anniversaires, les dates de mes voyages. Quand je suis organisée extérieurement, je me sens organisée intérieurement.

Un jour, j'avais inscrit dans mon agenda une date d'arrivée d'un de mes voyages, le samedi au lieu du dimanche. Mon papa m'a fait remarquer que je m'étais trompée et que j'avais inscrit le 22 au lieu du 23. Je lui ai répondu que ce n'était pas grave, maintenant que je le savais. Alors, il m'a expliqué que si je ne le changeais pas dans mon agenda, samedi le 22, dans mon énergie, il pourrait y avoir un petit décalage qui ferait en sorte que je ne vivrais pas le moment présent.

J'ai bien compris et cela avait une profonde logique. Alors, j'ai changé les dates dans mon agenda pour être bien organisée comme ma maman.

La Sieste

⊙

42

LA SIESTE

Un après-midi, mon papa d'amour m'a dit: « Viens, Kasara, on va aller faire une sieste. » Je lui ai répondu spontanément: « Non, papa, je ne suis pas fatiguée. » Il m'a alors dit: « Kasara, regarde-toi dans le miroir. Tes yeux sont cernés comme un raton laveur. » Je me suis couchée, mais dans ma tête, je n'étais pas fatiguée. Imaginez-vous, j'ai dormi profondément pendant deux heures et demie. Quand je me suis réveillée, mon père m'a dit: « Tu ne ressembles plus à un raton laveur. »

Nos parents nous connaissent parfois mieux que nous-même.

⊙

43

L'HISTOIRE DE WINNIE LE POOH

Mon père m'a expliqué que lorsque j'étais plus jeune, il me racontait des histoires à partir des expériences que nous avions vécues dans la journée. J'ai essayé cela pour la première fois avec ma petite cousine Ariel qui a trois ans. Je l'aime très fort; elle est une sœur, pour moi.

Un soir avant qu'elle s'endorme, je lui ai raconté une histoire en lui parlant d'un comportement qu'elle aurait à changer. Pour faire cela, on invente une histoire en utilisant des personnages qui sont différents d'elle. Parce que parfois ma petite cousine ne veut pas prêter ses jouets, je lui ai raconté une histoire avec Winnie le Pooh.

Winnie le Pooh est allé rendre visite à Jeannot Lapin. Jeannot Lapin ne voulait pas partager sa carotte avec Winnie le Pooh. Et cela rendait son ami triste. En voyant que son ami Winnie avait de la tristesse dans son cœur, il a décidé de partager sa carotte avec lui.

Ariel, ma petite cousine, écoutait attentivement. C'était un beau moment. À cet instant, il s'est mis à pleuvoir très fort et il y avait du tonnerre qui faisait très peur à Ariel. Elle m'a dit: « Ferme la fenêtre, ferme la fenêtre. » Je lui ai répondu pour la rassurer: « La fenêtre est fermée, ma belle. »

Ensuite, j'ai continué l'histoire avec Winnie qui était dans son lit en ayant peur de l'orage. Il demandait à un Ange de venir le protéger pendant qu'il allait dormir et cela le réconfortait. Le lendemain matin, l'histoire s'est terminée avec Winnie qui se réveillait en ouvrant la fenêtre pour regarder le beau soleil.

⊙

44

NE PAS SE FIER AUX APPARENCES

Un après-midi, alors que je me promenais dans la forêt, j'ai aperçu quelques champignons dans le sentier. Il y en avait un qui était rouge vif avec des picots blancs sur le dessus, et un autre qui était tout simplement brun. À mes yeux, le rouge était très beau et le brun, ordinaire.

Christiane m'a expliqué qu'il ne fallait pas se fier aux apparences : le rouge semblait beau dans la forme, mais si on mangeait ce champignon, il était poison, alors que le brun, c'était en réalité un bolet, un champignon qui est très savoureux et bon pour la santé. J'ai compris que parfois, des personnes peuvent paraître belles à l'extérieur, mais à l'intérieur, il y a du poison. Tandis qu'une personne simple ne cherche pas à se faire remarquer et on peut parfois moins la voir.

Si on prend l'exemple d'un roi et d'un paysan, il faut regarder très en profondeur avec les yeux du cœur pour savoir qui est le bolet et qui est le champignon rouge.

Les
châteaux
C
C

⊙

45

LES CHÂTEAUX

Pour moi, auparavant, j'imaginais un château comme le palais de Cendrillon, mais, à un moment donné, j'ai réalisé que cette magie n'existait pas dans les anciens châteaux...

Un jour, alors qu'on était en voyage en Europe, j'ai aperçu un château. Mon père m'a alors expliqué l'histoire de plusieurs châteaux. Il m'a dit: « Regarde toutes les petites maisons autour de cet immense château. Dans les petites maisons habitaient des centaines de familles qui ont été forcées à travailler durement pour servir les plaisirs d'un roi et d'une reine, et pour nourrir leur soif de pouvoir. »

Depuis ce temps-là, je regarde les châteaux d'une autre manière, en étant consciente que derrière leurs grands murs, il y a eu beaucoup de souffrances.

La Mort

⊙

46

LA MORT

Beaucoup de personnes pensent que la mort est affreuse, qu'elle est épouvantable.

J'ai remarqué que beaucoup d'adultes ont peur de vieillir. Pour moi, la mort est comme déménager d'un endroit à un autre, comme un long voyage, et, tout simplement, tu ne reviens plus chez toi.

Depuis que je suis toute petite, mon père me répète souvent: « La matière est temporelle et éducationnelle. On vit, on meurt, on vit, on meurt... l'âme est éternelle. » Et il le dit régulièrement en chantant pendant que je m'endors. J'ai compris qu'il ne fallait pas s'attacher à la matière, elle était là juste pour nous aider à apprendre les qualités, et que l'âme est éternelle.

Pour moi, après la mort, la vie continue, on revient dans un autre bébé, on grandit et on meurt, on vit, on meurt, on vit, on meurt...

C'est facile à dire.
Mais dur à faire...
Avec les Moustiques

⊙

47

C'EST FACILE À DIRE, MAIS DUR À FAIRE

Je n'ai pas encore réussi à endurer les moustiques. Pourtant, je connais très bien la symbolique liée aux moustiques. Cela peut représenter des pensées qui piquent. Tout d'abord, ils ont leur place dans la nature. Ensuite, je sais également que si quelque chose me dérange, il faut que je travaille dessus pour que cela ne me dérange plus. Ou encore, je sais que si je les aime et que je les accepte, ils vont moins me piquer.

J'ai besoin encore de quelques expérimentations avec les moustiques pour mieux les aimer, car il y a probablement en moi quelques pensées qui piquent.

C'est facile à dire, mais dur à faire.

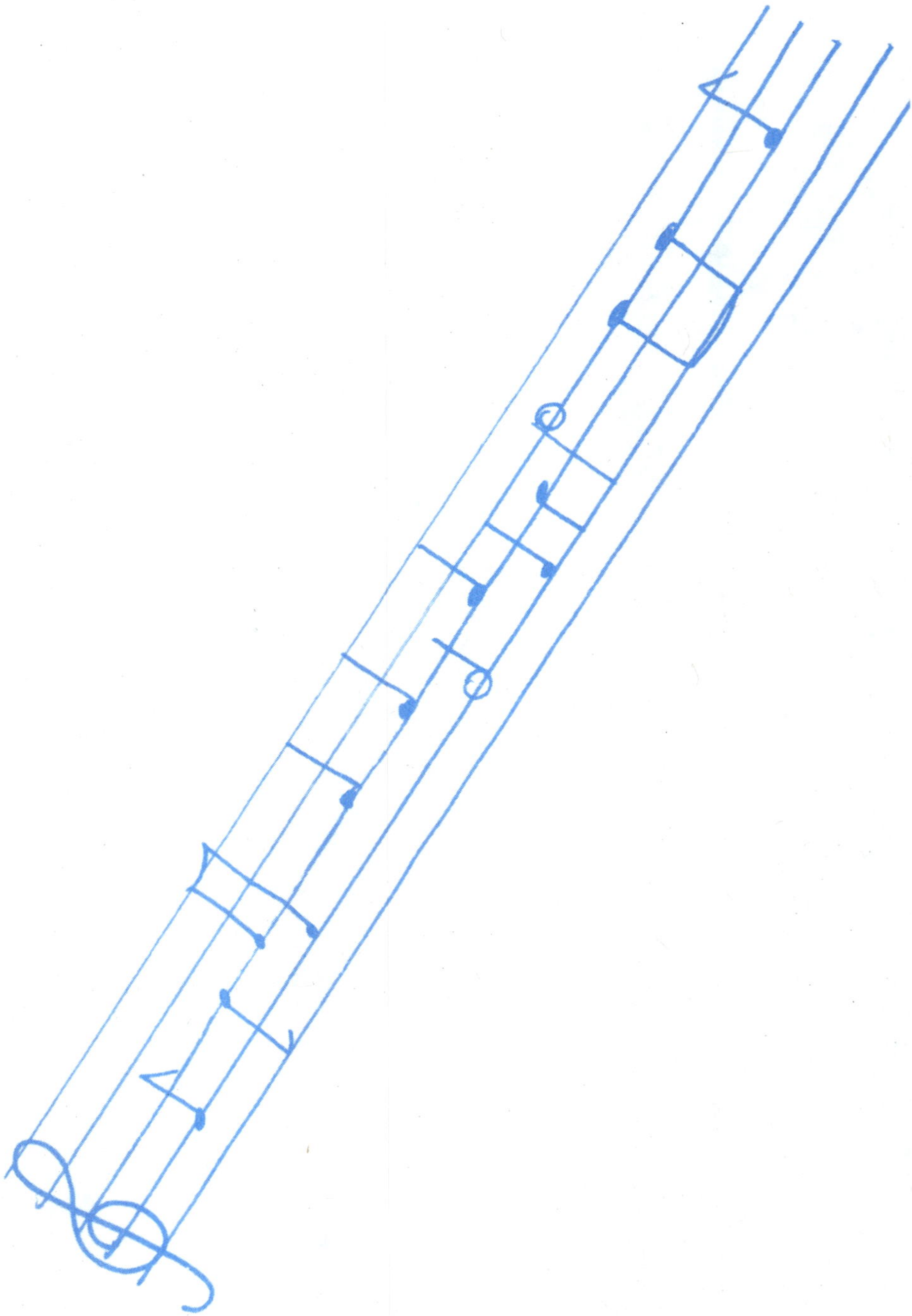

⊙

48

COMMENT ANALYSER LA MUSIQUE

Depuis quelques temps, j'écoute la musique d'une autre oreille. Comme, par exemple, si quelqu'un aime écouter de la musique agressive, cela signifie que cette personne a de l'agressivité en elle. Si les paroles d'une chanson amènent le calme et que la personne est attirée par cela, cela veut dire qu'elle a le calme en elle. Tout ce qu'on aime représente une partie de nous qui est quelquefois cachée. Je comprends donc que celui qui chante une chanson parle de lui-même, et celui qui l'écoute avec attirance, écoute une partie de lui-même.

Maintenant, c'est comme cela que j'écoute la musique, et c'est très intéressant.

2
1
3
on me l'annoncera en rêve...

⊙

49

ON TE L'ANNONCERA EN RÊVE

Pourquoi avoir un amoureux ou une amoureuse trop vite?

De nos jours, les enfants deviennent trop rapidement adultes. À quoi ça sert ? On a tellement d'autres choses à apprendre avant de passer à cette étape. C'est comme si une chenille voulait devenir tout de suite un papillon avant de préparer son cocon. Les adolescents peuvent alors tomber dans une grosse toile d'araignée et perdre leur joie de vivre.

Mon père m'a expliqué comment ne pas tomber dans cette toile d'araignée : « Celui que Dieu a choisi pour toi te seras annoncé en rêve et ce sera le bon moment pour toi. »

Je réalise, plus je grandis, qu'avant de pouvoir voler de ses propres ailes, il faut bien se préparer.

Mon nouveau
Sac
Terra
D'École

⊙

50

MON NOUVEAU SAC D'ÉCOLE

Depuis que je suis toute petite, j'apprends l'importance des symboles. Mon père m'a appris qu'un symbole dégage une énergie, une vibration, un message. Par exemple, si on achète un sac d'école avec un gros monstre méchant dessus, cela va nous empêcher de bien apprendre. Et chaque fois qu'on va ouvrir le sac, on va être influencé par l'énergie du monstre qui va nous enlever le goût d'apprendre. Les symboles sont très puissants, beaucoup plus puissants qu'on le pense.

Avec ma mère, cette semaine, j'ai acheté un nouveau sac d'école. J'ai pris le temps de bien le choisir. J'ai regardé les couleurs, la marque, et j'en ai trouvé un très beau. Il a plusieurs tons de bleu et la marque est *Terra*. Terra est un beau nom qui représente la Terre. Avec ce nouveau sac, je suis prête à apprendre sur la Terre.

⊙

51

LE LAPIN D'AGATHE

Mon amie Agathe s'est fait mordre deux fois les doigts par son lapin qui vit dans une cage dans sa maison. Elle se demande pourquoi cela s'est-il passé. Elle a vu cela comme un signe: son lapin lui disait qu'il était malheureux dans une cage. Alors, elle a parlé à ses parents et elle leur a dit qu'elle avait réalisé que son lapin lui avait dit par ce signe: « Est-ce que tu serais heureuse si on t'enfermait dans une cage ? »

Ses parents étaient bien d'accord avec elle et, le lendemain, ils sont allés redonner la liberté au lapin. Quelle belle histoire ! Un jour, tous les enfants pourront comprendre et aimer les animaux... comme une partie de leur intérieur.

Je
m'excuse
Bonbons
75¢

⊙

52

MON AMIE A VOLÉ

Mon père et Christiane m'ont raconté qu'une de mes amies avait téléphoné pour partager avec nous ce qu'elle avait vécu. Un soir, elle avait un petit secret dans son cœur qui lui faisait mal, et, avec tout son courage, elle a décidé de le dire à sa mère. Elle lui a avoué qu'elle avait volé un bracelet dans un magasin.

Sa mère l'a écoutée avec son cœur et lui a dit que le lendemain, elles iraient remettre le bracelet et s'excuser. Rendue au magasin, elle est allée voir la vendeuse pour s'excuser et remettre le bracelet en disant : « Madame, l'autre jour, j'ai volé un bracelet et je viens vous le redonner en m'excusant. Qu'est-ce que je pourrais faire pour réparer mon erreur ? »

La dame était touchée par son geste et elle lui a dit qu'elle aussi avait volé, quand elle était petite, des bonbons, et qu'elle n'avait jamais eu le courage de le dire à sa mère. Elle l'a félicitée. Ensuite, mon amie est allée voir le propriétaire pour savoir quel travail elle pourrait faire pour réparer son erreur. Il lui a demandé de ranger le coin des jouets du magasin. Elle était très heureuse de le faire.

Bravo, mon amie ! Une erreur se répare toujours.

La Belle
et la BÊTE

⊙

53

LA BELLE ET LA BÊTE

Il y a un film que j'écoute très souvent et que j'aime bien regarder. C'est *La Belle et la Bête* de Walt Disney. Mon père m'a expliqué que cette histoire est très symbolique. La Bête était comme un roi qui était méchant, orgueilleux et qui ne pensait qu'à lui.

Un soir de Noël, une vieille dame qui n'avait pas la beauté frappa à la porte pour demander de l'aide en échange d'une rose lumineuse. Le jeune homme refusa avec une grande méchanceté parce qu'elle n'était pas belle, et alors, la vieille dame se transforma en une jolie fée. Elle lui jeta un sort et le transforma en une laide bête pour qu'il apprenne à devenir une meilleure personne.

Parfois, on pense que les contes de fées ne sont pas réels. Mais cette histoire arrivera à bien des gens qui ont la beauté et qui ne sont pas justes. Dans une autre vie, ils auront un corps qui sera bien différent de celui qu'ils ont en ce moment. C'est la loi de la réincarnation. On vit, on meurt, on vit, on meurt... pour apprendre la Vie.

L'école
Je m'en voir à l'école.

⊙

54

UN CHIEN
À L'ÉCOLE

L'autre nuit, j'ai fait un rêve très spécial qui m'a fait beaucoup rire.

J'étais dans ma classe et, à un moment donné, je me suis levée de mon pupitre pour aller aux toilettes. Quand je suis revenue, je n'en croyais pas mes yeux : un chien qui ressemblait à un humain avait des lunettes, un crayon dans sa patte, et il étudiait dans mon cahier, tout en écoutant le professeur.

Je l'écris présentement et je le trouve encore très drôle. Je l'ai raconté à mon père et il m'a expliqué ce que cela voulait dire. Lorsque nous allons aux toilettes, cela signifie qu'on se libère et qu'on se nettoie intérieurement. Le chien qui ressemblait à un humain expliquait une partie de moi qui représente les instincts —le besoin de manger, les besoins où l'on ne pense qu'à soi, etc.— qui sont à l'école pour devenir plus intelligents et apprendre à penser aux autres. Le message de ce rêve était très positif pour moi, et il m'a fait bien rire...

⊙

55

LES GLISSADES D'EAU

Un jour, je suis allée aux glissades d'eau avec mon père. Nous attendions pour glisser dans une glissade et j'observais une petite fille avec sa mère et sa grand-mère. La petite fille avait très peur de glisser, et sa mère essayait de la forcer en lui disant qu'elle n'était pas gentille parce qu'elle ne voulait pas venir. Je les regardais attentivement en étudiant leur comportement. La grand-mère a choisi de rester avec la petite fille pendant que la mère glissait en lui répétant qu'elle n'était pas gentille.

Sans le savoir, cette mère poussait sa fille à aller vers le danger pour être aimée. Je suis chanceuse d'avoir des parents qui ne me poussent pas vers le danger.

Le méchant dragon...

⊙

56

LE MÉCHANT DRAGON

Au début de l'année scolaire, je suis allée avec mon père et ma mère acheter les choses dont j'avais besoin pour le début de l'école. Nous avions une liste à suivre pour les achats. Ma mère était très raisonnable, car elle n'achetait pas ce que j'avais déjà. Mon père était content de moi, et il m'a dit que j'étais très gentille car je ne faisais pas comme d'autres enfants qui, parfois, font des crises pour avoir une nouvelle paire de ciseaux.

Alors qu'il me restait une chose à acheter —du papier de couleur—, je me suis rendu compte que sur la pochette, il y avait un dragon multicolore que je ne trouvais pas très beau. Rendue à la maison, j'en ai parlé à mon père, et il m'a dit qu'il fallait être souple car il n'y avait pas d'autres choix proposés par l'école. J'ai compris et j'étais contente. Mon père a regardé attentivement la tablette de papier de couleur et il s'est aperçu que l'on pouvait enlever la première page très facilement. Il m'a dit en chantonnant et en détachant la page: « Le dragon s'en va au recyclage. »

Ah! NoN

⊙

57

LES PETITS POISSONS

Dernièrement, je suis allée en camping dans la nature.

J'ai reçu en cadeau un filet pour attraper des petits poissons. Je me demandais qu'est-ce que j'allais faire avec ce filet et qu'est-ce que j'allais dire à la personne qui me l'avait offert. Je ne me sentais pas capable d'attraper des petits poissons simplement pour m'amuser.

Alors, tout doucement, je suis allée voir ma mère pour lui expliquer ce que je ressentais. Je lui ai dit : « Maman, je ne suis pas capable de mettre un petit poisson dans un plat et de le laisser mourir. Aussi, si j'attrape un petit poisson et que je le transfère dans un autre lac, il sera perdu et il ne pourra plus retrouver ses parents. » Maman d'amour m'a dit : « Je suis d'accord avec toi, Kasara. » J'étais contente qu'elle me comprenne... Merci, Maman !

Le feu De L'esprit

⊙

58

LE FEU DE L'ESPRIT

Je suis allée dans une famille qui ont un nouveau bébé. Il est tellement beau ! J'ai été très heureuse de le prendre dans mes bras. Il porte le nom d'un Ange et je trouve que cela est très puissant. J'ai remarqué que quand sa mère le change de couche et qu'il fait pipi en même temps, elle l'appelle le bébé pompier. Je me suis demandé pourquoi pas la fontaine, le boyau d'arrosage, etc. J'ai posé la question à Christiane et elle m'a répondu que si elle l'appelle le pompier, c'est qu'elle a des petits feux intérieurs à éteindre. Elle m'a aussi expliqué que notre Esprit ne dit jamais rien par hasard. Il est plus intelligent que ce que l'on sait dans notre tête. Notre Esprit représente l'énergie dans notre corps et c'est Lui qui fabrique notre corps, nos émotions et nos pensées.

Quand on fait de la méditation, on travaille notre Esprit qui change nos pensées, nos émotions et notre corps.

vehuiah, vehuiah, vehuiah,
vehuiah, vehuiah, vehuiah,
vehuiah, vehuiah, vehuiah,
vehuiah, vehuiah...

⊙

59

LA PRATIQUE RÉCITATOIRE

Cette semaine, je suis allée visiter ma nouvelle école car nous avons déménagé. Après avoir visité la cafétéria et le gymnase, je suis allée voir les classes. WOW!!! je me suis rappelée que un an auparavant, je suis allée visiter ma nouvelle école dans un rêve.

Je vis cela de plus en plus, depuis que je fais ma pratique récitatoire avec les Anges. Cela m'apporte beaucoup de rêves qui me font voir l'avenir. Comment faire la pratique récitatoire Angélique? C'est simple: le plus souvent possible, on répète le nom d'un Ange dans notre tête et dans notre cœur, autant quand nous avons une petite peine que quand nous sommes dans la joie.

Le Téléphone

Sonne...

⊙

60

LE TÉLÉPHONE SONNE...

Mon père m'a fait remarquer que lorsque le téléphone sonne, je cours très vite pour y répondre, en oubliant tout derrière moi. Il m'a expliqué que cela voulait dire qu'il y avait un petit peu de curiosité en moi. J'ai réfléchi et j'ai réalisé qu'il avait bien raison, mon papa d'amour. À un moment donné, les Anges m'ont envoyé un test: le téléphone a sonné une seconde fois. Je me suis mise à courir comme d'habitude, et mon père m'a dit: « Oups! curiosité. » J'ai tout de suite ralenti et je me suis mise à marcher très lentement en souriant à mon père. Alors, mon père m'a dit en riant: « Là Kasara, tu vas manquer le téléphone. » Cette journée là, j'ai vécu deux extrêmes...

J'attends maintenant, pour me pratiquer, le prochain téléphone.

3 Poile Sur La Tête

⊙

61

TROIS POILS SUR LA TÊTE

Quand j'avais cinq ans, j'ai eu une période où mes cheveux étaient très importants. Tous les matins, je passais beaucoup de temps devant le miroir pour me peigner. Je devenais même parfois de mauvaise humeur envers mes cheveux. Un jour, en riant de bon cœur, Christiane m'a dit: « Si tu continues comme ça, Kasara, dans ta prochaine vie, tu vas avoir trois poils sur la tête. »

J'ai vite compris que cela n'avait pas de bon sens d'accorder autant d'importance à mes cheveux. Je suis heureuse d'avoir réglé ce petit problème. Quand j'en parle avec papa et Christiane, on en rit encore.

Un jeu

Spirituel...

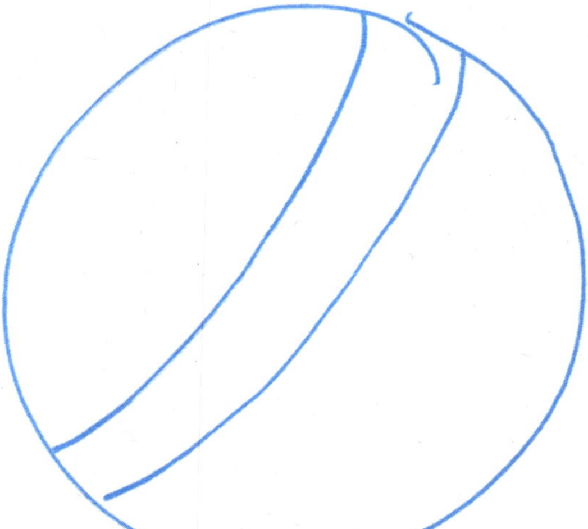

⊙

62

UN JEU SPIRITUEL

Un jour, alors que je jouais avec Christiane à la balle, nous avons trouvé un nouveau jeu. Au lieu de lancer simplement la balle pour savoir qui va gagner, nous avons pensé à un jeu où nous serions toutes les deux gagnantes.

Voici comment fonctionnait le jeu. L'une d'entre nous lançait la balle et devait prononcer à haute voix le nom d'un Ange. L'autre devait rattraper la balle, et si la balle tombait sur le sol, nous pensions à la qualité de l'Ange en question. Par exemple, si on prend NELKHAEL, l'Ange qui porte le nombre 21, qui donne la facilité pour apprendre, on se disait que toutes les deux on avait quelque chose à comprendre sur l'apprentissage. On devait alors recommencer trois fois en prononçant le nom de NELKHAEL. Si, dans ces trois lancers de balle, on ne l'avait pas échappée, on pouvait poursuivre. On commençait par l'Ange no 1 qui est VEHUIAH, jusqu'au 72e, qui est MUMIAH, puis on recommençait.

Avec ce genre de jeu, on peut s'amuser et être spirituel en même temps.

Du ciel
École
De La terre
École

⊙

63

L'ÉCOLE DU CIEL ET DE LA TERRE

Dans mon rêve, *j'étais à l'école, à mon pupitre. Il y avait d'autres enfants qui écoutaient avec moi le professeur. Et sur mon bureau, il y avait deux boîtes de conserve avec la marque du supermarché.*

Ce rêve a l'air d'un rêve bien ordinaire, mais quand on a la Connaissance, on apprend que tous les rêves sont très importants. J'ai demandé à mon père sa signification. L'école, dans un rêve, représente la même chose que sur Terre : c'est un endroit pour apprendre. Il y avait beaucoup d'élèves ; cela explique que plusieurs parties de moi apprennent en même temps. Le symbole des boîtes de conserve avec la marque du supermarché signifie que j'étais en train d'apprendre la matière, le commerce, le fait d'échanger de l'argent pour avoir de la nourriture, et que j'apprenais à conserver les ressources, à ne pas les gaspiller.

Mon père m'a dit que ce rêve va m'amener beaucoup de nouvelles questions pour apprendre de nouvelles étapes. Il m'a dit aussi que tout ce qu'on apprend dans nos rêves accélère notre apprentissage sur Terre.

Le Bon Dieu m'a
écrit une belle
histoire

⊙

64

UNE BELLE HISTOIRE

Un jour, ma maman d'amour était en train de me couper les cheveux, et elle m'a dit comme elle le fait souvent : « Tu as les cheveux de ton père. » Parfois, elle me dit que j'ai les yeux de mon père, les orteils de mon père, les mains de mon père, etc.

Je suis heureuse qu'elle dise cela car, au plus profond de son cœur, même si mon papa et ma maman sont séparés depuis plusieurs années, il y a de l'amour et du respect l'un pour l'autre et je me trouve très chanceuse de pouvoir vivre cela. Ça ne se passe pas toujours comme ça dans d'autres familles.

Le bon Dieu m'a écrit une belle histoire.

Le Métier que l'on fait...

⊙

65

LE MÉTIER QUE L'ON FAIT

Avec mon père, j'apprends à lire les symboles des métiers. Un jour, on réalise que la vie est une école dans tout ce que l'on fait. Le métier que l'on pratique représente toujours des parties de nous-même que nous avons à travailler et qui correspondent à nos vies passées.

J'aimerais vous donner quelques exemples. Si on est un professeur, cela veut dire qu'on est venu sur Terre pour comprendre qu'on a toujours quelque chose à apprendre de nos élèves, des animaux, des plantes, du soleil, etc. Si on est un policier, cela signifie que dans d'autres vies, nous avons pu être un voleur et, en revenant sur Terre pour être un policier, le policier vient réparer ses erreurs et apprendre la Justice Divine. Si on est un constructeur de maisons, cela symbolise que l'on vient apprendre à bien construire son intérieur.

Il est très intéressant d'étudier les métiers.

Les
Expressions

⊙

66

LES EXPRESSIONS

Quand on étudie les expressions, on trouve des trésors d'informations. Avec mon père et Christiane, nous aimons beaucoup analyser les expressions et les symboles car on découvre des parties de nous à travailler. Je vous donne un exemple. L'autre jour, j'étais avec ma petite cousine Ariel et je lui ai dit: « Viens ici, Ariel, je vais te donner un petit coup de peigne. » Après l'avoir dit, j'ai réalisé que ce que j'avais dit n'était pas juste. Pourquoi lui donner un coup ?

Plusieurs expressions que l'on utilise régulièrement ne sont pas justes et mettent en lumière des petites parties de nous à travailler.

Si vous voulez bien, je vous propose de trouver trois expressions que vous pouvez changer dans votre langage. Ensuite, méditez sur ce que vous avez à comprendre avec les expressions que vous dites.

Si vous voulez, écrivez ici vos trois exemples :

1. ______________________________

2. ______________________________

3. ______________________________

il faut être juste...

Avec elle!

⊙

67

ÊTRE JUSTE AVEC ELLE

Moi, je fais très attention pour ne pas gaspiller l'eau et la nourriture. Quand je prends ma douche, j'essaie de ne pas rester trop longtemps, et je fais la même chose quand je me lave les mains ou que je me brosse les dents.

Il est très important de penser à notre environnement et aux ressources de la Terre. On entend beaucoup parler de la pollution que les humains font sur la Terre. Moi, je n'ai que neuf ans, mais je sais que je peux faire beaucoup pour la Terre, en essayant à tous les jours d'être juste avec Elle.

Quand un s'élève, tous s'élèvent...

⊙

68

UN S’ÉLÈVE, TOUS S’ÉLÈVENT

Plus on a la Connaissance, plus on doit avoir beaucoup d’amour et de respect pour les autres. Quand on est capable de lire les signes, on doit savoir qu’on ne peut pas changer les autres car ils doivent le faire eux-mêmes. Lorsqu’on ne peut rien dire, on doit avoir de belles pensées pour ceux qui ne sont pas justes, car la plupart du temps, ils ne le savent même pas. Moi, parfois, je vois des punks, des enfants qui ne sont pas gentils avec leurs parents ou des parents qui ne sont pas gentils avec leurs enfants. Je vois des gens qui jettent des papiers, qui fument la cigarette ou qui disent des mots grossiers. Tous ces gens-là, même si je sais qu’ils ne sont pas justes, je les aime et je respecte leurs expérimentations.

Mon père m’a appris cette phrase depuis que je suis toute petite: *Quand un s’élève, tous s’élèvent.* Cette phrase ne se réalise pas en une seconde mais en plusieurs années.

La peinture
et le dessin

⊙

69

LA PEINTURE ET LE DESSIN

Un dimanche où il pleuvait dehors, nous sommes allés visiter un musée. Il est vrai de dire que nous ne visitons pas les musées et les expositions comme la plupart des gens. Ce qui intéresse notre famille c'est de regarder et d'étudier le langage symbolique. Moi, j'aime beaucoup regarder les symboles, car cela fait vivre beaucoup de questions dans ma tête. Nous essayons toujours d'être discrets pour ne pas déranger ceux qui ne pensent pas comme nous.

Cette journée-là, il y avait une exposition de peinture. Quand on comprend qu'un peintre se peint lui-même, on découvre toute sa façon de penser, d'aimer et d'agir, à travers sa peinture. Il y avait des peintures où on pouvait voir sa tristesse, son agressivité et parfois sa joie.

C'est la même chose quand nous faisons des dessins : notre esprit se dessine toujours lui-même...

70

LA TRAMPOLINE SUR L'EAU

Un jour, alors que nous étions en avion entre la Suisse et le Canada, j'ai reçu un bel enseignement. Il ne restait qu'environ une heure à notre voyage et, malgré que j'étais très calme, je commençais un petit peu à bouger sur place et à être excitée intérieurement de revenir au Canada. Avec Christiane, je faisais des dessins et, à un moment donné, je me suis mise à dessiner une trampoline sur l'eau. Christiane m'a regardée avec plein d'amour en me disant: « Une trampoline sur l'eau, est-ce que ça représenterait ton énergie en ce moment ? » Elle avait bien raison : même si j'étais assez calme à l'extérieur, à l'intérieur de moi, je faisais de la trampoline dans mes émotions.

C'est donc vrai que tout est symbole !

⊙

71

UN DES PLUS GRANDS MYSTÈRES DE L'UNIVERS

Moi, depuis que je suis toute petite, je pratique la méditation. Avec la méditation, on peut se poser des questions dans notre tête et recevoir des réponses. Comment méditer ? C'est très simple. Il suffit de fermer les yeux et de se reposer en même temps. Moi, ce que je fais pour reposer mes questions et mes idées qui vont trop vite, je fais ma pratique récitatoire en répétant dans ma tête plusieurs fois le nom d'un Ange. Ensuite, quand je deviens calme, je peux poser des questions ou réfléchir à quelque chose.

C'est vraiment magique, la méditation. Parfois, certaines questions sont répondues rapidement et très facilement, mais aussi, il y en a certaines qui peuvent prendre plus de temps et même qui ne se répondent jamais, et cela, il faut l'accepter. Il y en a une dont je n'ai pas trouvé la réponse. C'est pourquoi Dieu n'a pas de début ? Mon papa m'a dit que cela était l'un des plus grands Mystères de l'Univers.

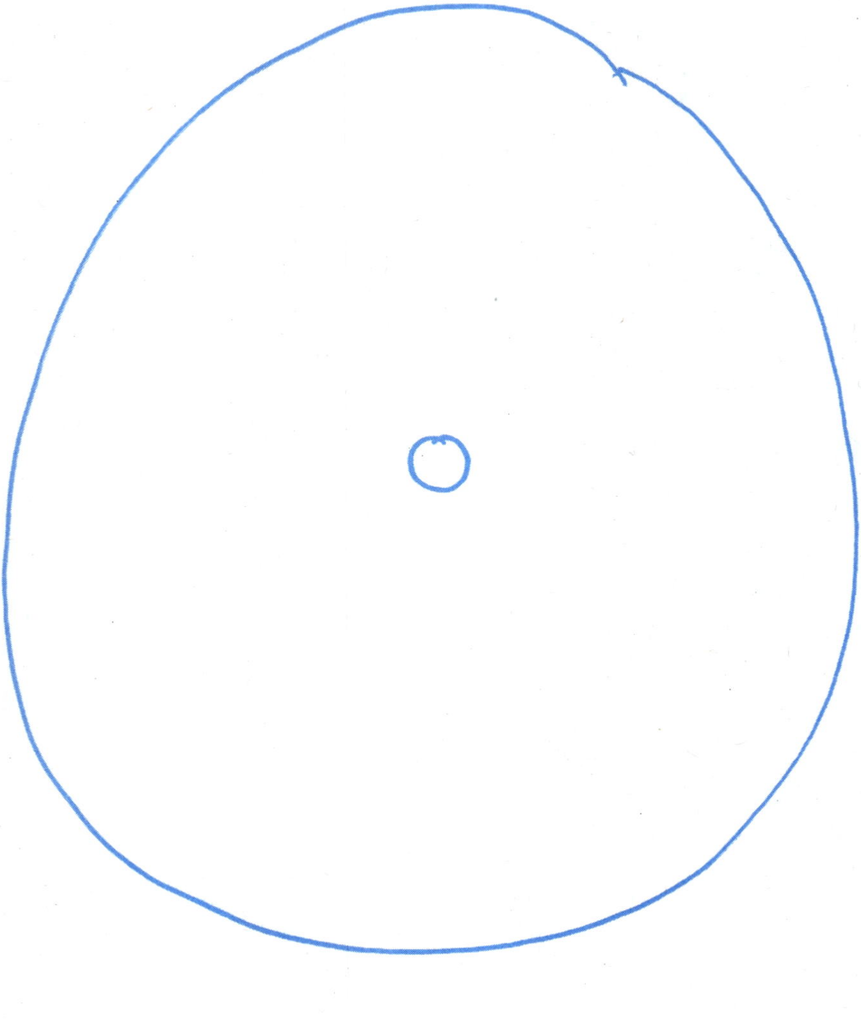

72

Au début, quand j'étais petite, les symboles n'étaient pas très importants pour moi et cela est bien normal. Les symboles commencent à devenir importants quand on commence à se poser des questions sur Dieu. Maintenant, cela fait partie de ma vie et lui donne un sens profond.

Tout ce que je porte comme vêtement est relié à mon intérieur. Et j'essaie de faire du mieux que je peux pour devenir une meilleure âme. Moi, je vais bientôt avoir 10 ans et je trouve que la vie passe très vite. Mon père m'a appris que chaque journée prépare la suivante, comme chaque vie prépare la prochaine vie. Alors, si nous faisons de notre mieux à chaque jour, toutes nos vies seront belles. C'est pour cela que je porte un collier dans mon cou avec le cercle avec un point. Ce symbole représente le mariage parfait de l'Esprit et de la matière. Cela est l'objectif de ma vie.

⊙

QUELQUES MOTS SUR L'ANGÉOLOGIE TRADITIONNELLE

J'aimerais vous parler de l'enseignement spirituel avec lequel je travaille. Dans l'Angéologie Traditionnelle, il y a 72 Anges qui représentent des qualités, des vertus et des pouvoirs du bon Dieu.

C'est très puissant, quand on répète le nom de l'Ange dans notre tête ou même en chantant. Moi, je le fais régulièrement et cela m'aide beaucoup lorsque j'ai une peur, une petite peine ou une grande joie. Cela me calme et me fait beaucoup de bien. Quand je suis avec papa, il m'explique mes rêves, car on en a régulièrement quand on travaille avec les Anges. Mon papa peut en avoir, des fois, des dizaines dans la même nuit. Moi, j'en ai beaucoup moins parce que je suis encore petite, mais j'aime beaucoup avoir des rêves.

Mes Anges Gardiens s'appellent: 36 MENADEL (physique), 35 CHAVAKHIAH (cœur) et 40 IEIAZEL (intellect), mais je travaille avec tous les Anges, maintenant. Au début, je faisais juste la pratique récitatoire avec l'Ange MENADEL, mais, avec le temps, j'ai appris à tous les connaître. À la fin du journal, il y a les calendriers, et vous pourrez regarder quels sont vos Anges, si vous le voulez.

L'ANGÉLICA YOGA

J'aime beaucoup faire l'Angélica yoga. Ce sont des exercices que l'on pratique en invoquant un Ange dans notre tête ou à haute voix.

Je le fais avec Christiane depuis des années. Au début, je le faisais pour faire comme mes parents, mais, avec le temps, la méditation et les exercices de l'Angélica yoga sont devenus pour moi une source de calme qui m'aide à me centrer quand les énergies tournent trop vite en moi. Je développe avec l'Angelica yoga la maîtrise de mon corps et de mon esprit. Je parle dans ma tête à mon capitaine de bateau pour que mon bateau intérieur soit stable et m'aide à faire de beaux mouvements.

Il est très fort, notre esprit. On le voit dans nos rêves, il y a toutes sortes de situations, de personnages, filles ou garçons, qui représentent des parties de nous. Un jour, il faut réussir à toujours avoir de belles pensées et beaucoup d'amour dans notre énergie. De cette façon, on arrive à faire de belles actions. C'est cela, l'Angélica yoga.

⊙

COMMENT TROUVER VOS TROIS ANGES GARDIENS

Pour trouver vos trois Anges Gardiens,
c'est très facile :

Le premier correspond à nos actions, et on peut le trouver dans le calendrier Angélique n° 1 *(voir pages 150-151)* avec notre date de naissance ;

Le deuxième correspond à nos émotions et on le trouve dans le calendrier n° 2 *(voir pages 152-153)* aussi avec notre date de naissance ;

Le troisième correspond à nos pensées, et on le trouve dans le calendrier n° 3 *(voir pages 154-155)* avec notre heure de naissance.

L'ANGÉOLOGIE TRADITIONNELLE

CALENDRIERS ET TABLEAUX

⊙

CALENDRIER ANGÉLIQUE n° 1
Plan physique

21 mars	au	25 mars	1 VEHUIAH
26 mars	au	30 mars	2 JELIEL
31 mars	au	04 avril	3 SITAEL
05 avril	au	09 avril	4 ELEMIAH
10 avril	au	14 avril	5 MAHASIAH
15 avril	au	20 avril	6 LELAHEL
21 avril	au	25 avril	7 ACHAIAH
26 avril	au	30 avril	8 CAHETEL
01 mai	au	05 mai	9 HAZIEL
06 mai	au	10 mai	10 ALADIAH
11 mai	au	15 mai	11 LAUVIAH
16 mai	au	20 mai	12 HAHAIAH
21 mai	au	25 mai	13 IEZALEL
26 mai	au	31 mai	14 MEBAHEL
01 juin	au	05 juin	15 HARIEL
06 juin	au	10 juin	16 HEKAMIAH
11 juin	au	15 juin	17 LAUVIAH
16 juin	au	21 juin	18 CALIEL
22 juin	au	26 juin	19 LEUVIAH
27 juin	au	01 juillet	20 PAHALIAH
02 juillet	au	06 juillet	21 NELKHAEL
07 juillet	au	11 juillet	22 YEIAYEL
12 juillet	au	16 juillet	23 MELAHEL
17 juillet	au	22 juillet	24 HAHEUIAH
23 juillet	au	27 juillet	25 NITH-HAIAH
28 juillet	au	01 août	26 HAAIAH
02 août	au	06 août	27 YERATHEL
07 août	au	12 août	28 SEHEIAH
13 août	au	17 août	29 REIYEL
18 août	au	22 août	30 OMAEL
23 août	au	28 août	31 LECABEL
29 août	au	02 septembre	32 VASARIAH
03 septembre	au	07 septembre	33 YEHUIAH
08 septembre	au	12 septembre	34 LEHAHIAH
13 septembre	au	17 septembre	35 CHAVAKHIAH
18 septembre	au	23 septembre	36 MENADEL

⊙

CALENDRIER ANGÉLIQUE n° 1 (suite)
Plan physique

24 septembre	au	28 septembre	37 ANIEL
29 septembre	au	03 octobre	38 HAAMIAH
04 octobre	au	08 octobre	39 REHAEL
09 octobre	au	13 octobre	40 IEIAZEL
14 octobre	au	18 octobre	41 HAHAHEL
19 octobre	au	23 octobre	42 MIKAEL
24 octobre	au	28 octobre	43 VEULIAH
29 octobre	au	02 novembre	44 YELAHIAH
03 novembre	au	07 novembre	45 SEALIAH
08 novembre	au	12 novembre	46 ARIEL
13 novembre	au	17 novembre	47 ASALIAH
18 novembre	au	22 novembre	48 MIHAEL
23 novembre	au	27 novembre	49 VEHUEL
28 novembre	au	02 décembre	50 DANIEL
03 décembre	au	07 décembre	51 HAHASIAH
08 décembre	au	12 décembre	52 IMAMIAH
13 décembre	au	16 décembre	53 NANAEL
17 décembre	au	21 décembre	54 NITHAEL
22 décembre	au	26 décembre	55 MEBAHIAH
27 décembre	au	31 décembre	56 POYEL
01 janvier	au	05 janvier	57 NEMAMIAH
06 janvier	au	10 janvier.	58 YEIALEL
11 janvier	au	15 janvier	59 HARAHEL
16 janvier	au	20 janvier	60 MITZRAEL
21 janvier	au	25 janvier	61 UMABEL
26 janvier	au	30 janvier	62 IAHHEL
31 janvier	au	04 février	63 ANAUEL
05 février	au	09 février	64 MEHIEL
10 février	au	14 février	65 DAMABIAH
15 février	au	19 février	66 MANAKEL
20 février	au	24 février	67 EYAEL
25 février	au	29 février	68 HABUHIAH
01 mars	au	05 mars	69 ROCHEL
06 mars	au	10 mars	70 JABAMIAH
11 mars	au	15 mars	71 HAIAIEL
16 mars	au	20 mars	72 MUMIAH

⊙

CALENDRIER ANGÉLIQUE nº2

Plan émotionnel

JANV.	FÉV.	MARS	AVRIL	MAI	JUIN
1:**65**	1:**25**	1:**53**	1:**12**	1:**41**	1:**71**
2:**66**	2:**26**	2:**54**	2:**13**	2:**42**	2:**72**
3:**67**	3:**27**	3:**55**	3:**14**	3:**43**	3:**1**
4:**68**	4:**28**	4:**56**	4:**15**	4:**44**	4:**2**
5:**69**	5:**29**	5:**57**	5:**16**	5:**45**	5:**3**
6:**70**	6:**30**	6:**58**	6:**17**	6:**46**	6:**4**
7:**71**	7:**31**	7:**59**	7:**18**	7:**47**	7:**5**
8:**72**	8:**32**	8:**60**	8:**19**	8:**48**	8:**6**
9:**1**	9:**33**	9:**61**	9:**20**	9:**49**	9:**7**
10:**2**	10:**34**	10:**62**	10:**21**	10:**50**	10:**8**
11:**3**	11:**35**	11:**63**	11:**22**	11:**51**	11:**9**
12:**4**	12:**36**	12:**64**	12:**23**	12:**52**	12:**10**
13:**5**	13:**37**	13:**65**	13:**24**	13:**53**	13:*
14:**6**	14:**38**	14:**66**	14:**25**	14:**54**	14:**11**
15:**7**	15:**39**	15:**67**	15:**26**	15:**55**	15:**12**
16:**8**	16:**40**	16:**68**	16:**27**	16:**56**	16:**13**
17:**9**	17:**41**	17:**69**	17:*	17:**57**	17:**14**
18:**10**	18:**42**	18:**70**	18:**28**	18:**58**	18:**15**
19:**11**	19:**43**	19:**71**	19:**29**	19:**59**	19:**16**
20:**12**	20:**44**	20:**72**	20:**30**	20:*	20:**17**
21:**13**	21:**45**	21:**1**	21:**31**	21:**60**	21:**18**
22:**14**	22:**46**	22:**2**	22:**32**	22:**61**	22:**19**
23:**15**	23:**47**	23:**3**	23:**33**	23:**62**	23:**20**
24:**16/17**	24:**48**	24:**4**	24:**34**	24:**63**	24:**21**
25:**18**	25:**49**	25:**5**	25:**35**	25:**64**	25:**22**
26:**19**	26:**50**	26:**6**	26:**36**	26:**65**	26:**23**
27:**20**	27:**51**	27:**7**	27:**37**	27:**66**	27:**24**
28:**21**	28:**52**	28:**8**	28:**38**	28:**67**	28:**25**
29:**22**	29:**52**	29:**9**	29:**39**	29:**68**	29:**26**
30:**23**		30:**10**	30:**40**	30:**69**	30:**27**
31:**24**		31:**11**		31:**70**	

Comment trouver votre Ange Gardien sur le plan émotionnel :

Pour trouver votre Ange Gardien, c'est très facile :
Dans le calendrier nº2, présenté ci-dessus, le premier chiffre correspond à la date de naissance et le deuxième chiffre en caractère gras correspond au numéro de l'Ange.

⊙

CALENDRIER ANGÉLIQUE nº 2 (suite)
Plan émotionnel

JUILLET	AOÛT	SEPT.	OCT.	NOV.	DÉC.
1:28	1:57	1:15	1:44	1:3	1:33
2:29	2:58	2:16	2:45	2:4	2:34
3:30	3:59	3:17	3:46	3:5	3:35
4:31	4:60	4:18	4:47	4:6	4:36
5:*	5:61	5:19	5:48	5:7	5:37
6:32	6:62	6:20	6:49	6:8	6:38
7:33	7:63	7:21	7:50	7:9	7:39
8:34	8:64	8:22	8:51	8:10	8:40
9:35	9:65	9:23	9:52	9:11	9:41
10:36	10:66	10:24	10:53	10:12	10:42
11:37	11:67	11:25	11:54	11:13	11:43
12:38	12:68	12:26	12:55	12:14	12:44
13:39	13:69	13:27	13:56	13:15	13:45
14:40	14:70	14:28	14:57	14:16	14:46
15:41	15:71	15:29	15:58	15:17	15:47
16:42	16:72	16:30	16:59	16:18	16:48
17:43	17:1	17:31	17:60	17:19	17:49
18:44	18:2	18:32	18:61	18:20	18:50
19:45	19:*	19:33	19:62	19:21	19:51
20:46	20:3	20:34	20:63	20:22	20:52
21:47	21:4	21:*	21:64	21:23	21:53
22:48	22:5	22:35	22:65	22:24	22:54
23:49	23:6	23:36	23:66	23:25	23:55
24:50	24:7	24:37	24:67	24:26	24:56
25:51	25:8	25:38	25:68	25:27	25:57
26:*	26:9	26:39	26:69	26:28	26:58
27:52	27:10	27:40	27:70	27:29	27:59/60
28:53	28:11	28:41	28:71	28:30	28:61
29:54	29:12	29:42	29:72	29:31	29:62
30:55	30:13	30:43	30:1	30:32	30:63
31:56	31:14		31:2		31:64

Particularités :

1) ** signifie que cette journée-là, de minuit à midi, c'est l'Ange de la journée précédente qui préside, et que de midi à minuit, c'est l'Ange de la journée suivante qui préside. Ex. : L'Ange nº 27 préside le 16 avril et le 17 avril jusqu'à midi, et l'Ange suivant (le nº 28) préside le 17 avril à partir de midi, plus le 18 avril.*

2) *Le 27 décembre, il y a deux Anges, le nº 59 de minuit à 18h, et le nº 60 de 18 h à minuit.*

3) *Le 24 janvier, il faut invoquer deux Anges au cours de la même journée, le nº 16 et le nº 17, ceci à cause de la non-concordance des jours et des degrés.*

⊙

CALENDRIER ANGÉLIQUE nº 3
Plan intellectuel

0 h 00	à	0 h 19	........1 Vehuiah
0 h 20	à	0 h 39	........2 Jeliel
0 h 40	à	0 h 59	........3 Sitael
1 h 00	à	1 h 19	........4 Elemiah
1 h 20	à	1 h 39	........5 Mahasiah
1 h 40	à	1 h 59	........6 Lelahel
2 h 00	à	2 h 19	........7 Achaiah
2 h 20	à	2 h 39	........8 Cahetel
2 h 40	à	2 h 59	........9 Haziel
3 h 00	à	3 h 19	......10 Aladiah
3 h 20	à	3 h 39	......11 Lauviah
3 h 40	à	3 h 59	......12 Hahaiah
4 h 00	à	4 h 19	......13 Iezalel
4 h 20	à	4 h 39	......14 Mebahel
4 h 40	à	4 h 59	......15 Hariel
5 h 00	à	5 h 19	......16 Hekamiah
5 h 20	à	5 h 39	......17 Lauviah
5 h 40	à	5 h 59	......18 Caliel
6 h 00	à	6 h 19	......19 Leuviah
6 h 20	à	6 h 39	......20 Pahaliah
6 h 40	à	6 h 59	......21 Nelkhael
7 h 00	à	7 h 19	......22 Yeiayel
7 h 20	à	7 h 39	......23 Melahel
7 h 40	à	7 h 59	......24 Haheuiah
8 h 00	à	8 h 19	......25 Nith-Haiah
8 h 20	à	8 h 39	......26 Haaiah
8 h 40	à	8 h 59	......27 Yerathel
9 h 00	à	9 h 19	......28 Seheiah
9 h 20	à	9 h 39	......29 Reiyel
9 h 40	à	9 h 59	......30 Omael
10 h 00	à	10 h 19	......31 Lecabel
10 h 20	à	10 h 39	......32 Vasariah
10 h 40	à	10 h 59	......33 Yehuiah
11 h 00	à	11 h 19	......34 Lehahiah
11 h 20	à	11 h 39	......35 Chavakhiah
11 h 40	à	11 h 59	......36 Menadel

⊙

CALENDRIER ANGÉLIQUE n° 3 (suite)
Plan intellectuel

12 h 00	à	12 h 19	......37 ANIEL
12 h 20	à	12 h 39	......38 HAAMIAH
12 h 40	à	12 h 59	......39 REHAEL
13 h 00	à	13 h 19	......40 IEIAZEL
13 h 20	à	13 h 39	......41 HAHAHEL
13 h 40	à	13 h 59	......42 MIKAEL
14 h 00	à	14 h 19	......43 VEULIAH
14 h 20	à	14 h 39	......44 YELAHIAH
14 h 40	à	14 h 59	......45 SEALIAH
15 h 00	à	15 h 19	......46 ARIEL
15 h 20	à	15 h 39	......47 ASALIAH
15 h 40	à	15 h 59	......48 MIHAEL
16 h 00	à	16 h 19	......49 VEHUEL
16 h 20	à	16 h 39	......50 DANIEL
16 h 40	à	16 h 59	......51 HAHASIAH
17 h 00	à	17 h 19	......52 IMAMIAH
17 h 20	à	17 h 39	......53 NANAEL
17 h 40	à	17 h 59	......54 NITHAEL
18 h 00	à	18 h 19	......55 MEBAHIAH
18 h 20	à	18 h 39	......56 POYEL
18 h 40	à	18 h 59	......57 NEMAMIAH
19 h 00	à	19 h 19	......58 YEIALEL
19 h 20	à	19 h 39	......59 HARAHEL
19 h 40	à	19 h 59	......60 MITZRAEL
20 h 00	à	20 h 19	......61 UMABEL
20 h 20	à	20 h 39	......62 IAHHEL
20 h 40	à	20 h 59	......63 ANAUEL
21 h 00	à	21 h 19	......64 MEHIEL
21 h 20	à	21 h 39	......65 DAMABIAH
21 h 40	à	21 h 59	......66 MANAKEL
22 h 00	à	22 h 19	......67 EYAEL
22 h 20	à	22 h 39	......68 HABUHIAH
22 h 40	à	22 h 59	......69 ROCHEL
23 h 00	à	23 h 19	......70 JABAMIAH
23 h 20	à	23 h 39	......71 HAIAIEL
23 h 40	à	23 h 59	......72 MUMIAH

QUALITÉS DES 72 ANGES

Mon papa va vous écrire les **qualités principales** *des* **72 Anges** *avec leurs noms :*

	Nom de l'Ange	
1	Vehuiah	Volonté Divine
2	Jeliel	Amour, sagesse
3	Sitael	Construction
4	Elemiah	Pouvoir Divin
5	Mahasiah	Rectification des erreurs
6	Lelahel	Lumière Divine qui guérit tout (Lumière d'Amour)
7	Achaiah	Patience
8	Cahetel	Bénédiction Divine
9	Haziel	Amour Universel
10	Aladiah	Seconde chance
11	Lauviah	Victoire
12	Hahaiah	Refuge, méditation, intériorisation
13	Iezalel	Fidélité
14	Mebahel	Engagement
15	Hariel	Purification
16	Hekamiah	Loyauté aux Principes Divins
17	Lauviah	Révélations
18	Caliel	Vérité
19	Leuviah	Intelligence
20	Pahaliah	Délivrance
21	Nelkhael	Facilité d'apprentissage
22	Yeiayel	Renommée, célébrité
23	Melahel	Capacité de guérir, nourriture saine
24	Haheuiah	Protection
25	Nith-Haiah	Porteur de la Sagesse et de l'Amour suprêmes
26	Haaiah	Discrétion
27	Yerathel	Confiance
28	Seheiah	Prévoyance
29	Reiyel	Libération
30	Omael	Multiplication, joie
31	Lecabel	Talent pour résoudre les énigmes de la vie
32	Vasariah	Clémence, facilité à pardonner
33	Yehuiah	Subordination, écoute le bien
34	Lehahiah	Obéissance
35	Chavakhiah	Réconciliation, famille
36	Menadel	Travail

QUALITÉS DES 72 ANGES

Suite :

	Nom de l'Ange	
37	Aniel	Aide à changer les mauvaises habitudes
38	Haamiah	Sens des rituels et des préparations
39	Rehael	Soumission, réceptivité
40	Ieiazel	Consolation, réconfort
41	Hahahel	Mission
42	Mikael	Ordre politique
43	Veuliah	Prospérité
44	Yelahiah	Guerrier de Lumière
45	Sealiah	Motivation
46	Ariel	Perception révélatrice, médiumnité
47	Asaliah	Contemplation
48	Mihael	Fécondité, mariage
49	Vehuel	Élévation vers la grandeur et la Sagesse
50	Daniel	Éloquence, aide à bien parler
51	Hahasiah	Médecine Universelle
52	Imamiah	Facilité à reconnaître ses erreurs
53	Nanael	Communication spirituelle
54	Nithael	Éternelle jeunesse
55	Mebahiah	Lucidité intellectuelle, belles idées
56	Poyel	Fortune, soutien et richesse
57	Nemamiah	Discernement, trouve ce qui est juste
58	Yeialel	Force mentale
59	Harahel	Richesse intellectuelle
60	Mitzrael	Réparation
61	Umabel	Amitié, affinité
62	Iahhel	Connaissance retrouvée
63	Anauel	Perception de l'unité, bien-être intérieur
64	Mehiel	Vivification, inspiration
65	Damabiah	Fontaine de Sagesse, pureté
66	Manakel	Connaissance du bien et du mal
67	Eyael	Sublimation, facilité d'adaptation
68	Habuhiah	Guérison
69	Rochel	Restitution, retrouve ce que l'on a perdu
70	Jabamiah	Alchimie, transforme le mal en bien
71	Haiaiel	Armes Divines, force intérieure
72	Mumiah	Renaissance, aime la Vie

Maintenant, mon papa va vous écrire avec quel Ange travailler quand on a une difficulté ou une partie qui n'est pas gentille. Par exemple, si on est impatient, on fait la pratique récitatoire avec l'Ange **7 Achaiah** *et on retrouvera la patience.*

DIFFICULTÉS ET FAIBLESSES

	Nom de l'Ange	
1	**Vehuiah**	*Manque de volonté, colère*
2	**Jeliel**	*Manque d'amour et de sagesse*
3	**Sitael**	*Force qui détruit*
4	**Elemiah**	*Manipulation pour la satisfaction des besoins personnels*
5	**Mahasiah**	*Tendance à vouloir se venger, rancune*
6	**Lelahel**	*Ambition*
7	**Achaiah**	*Impatience*
8	**Cahetel**	*Pense juste à soi*
9	**Haziel**	*Absence d'amour : possessivité, jalousie, peur d'aimer et d'être aimé*
10	**Aladiah**	*Sorcelleries, gaspillage*
11	**Lauviah**	*Échec, jalousie, orgueil*
12	**Hahaiah**	*Isolement, fuit les autres*
13	**Iezalel**	*Infidélité, ne tient pas ses promesses*
14	**Mebahel**	*Désengagement, repousse les autres*
15	**Hariel**	*Accuse les autres*
16	**Hekamiah**	*Trahison, guerre, révolte*
17	**Lauviah**	*Tristesse*
18	**Caliel**	*Mensonge*
19	**Leuviah**	*Perte des facultés intellectuelles, problèmes de mémoire*
20	**Pahaliah**	*Abus et gaspillage, extrémiste, abuse des autres*
21	**Nelkhael**	*Difficulté pour apprendre, examens difficiles*
22	**Yeiayel**	*Profiteur, cherche à être reconnu*
23	**Melahel**	*Maladie, nourriture artificielle*
24	**Haheuiah**	*Manque de protection*
25	**Nith-Haiah**	*Magie noire, sorcellerie*
26	**Haaiah**	*Indiscrétion, égocentrisme, problèmes familiaux*
27	**Yerathel**	*Hyperactivité, manque de confiance*
28	**Seheiah**	*Imprudence, inquiétude profonde*
29	**Reiyel**	*Situation limitative, prison*
30	**Omael**	*Insuccès, échec répétitif*
31	**Lecabel**	*Manipule et exploite les autres*
32	**Vasariah**	*Vengeance*
33	**Yehuiah**	*Rébellion, agressivité, n'écoute pas*
34	**Lehahiah**	*Désobéissance*
35	**Chavakhiah**	*Problèmes familiaux*
36	**Menadel**	*Ne veut pas travailler*

DIFFICULTÉS ET FAIBLESSES — SUITE :

	Nom de l'Ange	
37	Aniel	*Refuse de changer*
38	Haamiah	*Impolitesse, manque de préparation*
39	Rehael	*N'accepte pas l'autorité*
40	Ieiazel	*Dépendances, chagrin*
41	Hahahel	*Cherche à convaincre*
42	Mikael	*Désordre*
43	Veuliah	*Ne pense qu'à l'argent*
44	Yelahiah	*Extrémiste, terroriste*
45	Sealiah	*Manque de motivation et d'enthousiasme*
46	Ariel	*Manque d'intuition*
47	Asaliah	*Panique, ne comprend pas*
48	Mihael	*Séparation, divorce, jalousie*
49	Vehuel	*Abaisse les autres*
50	Daniel	*Difficulté pour parler*
51	Hahasiah	*Ne comprend pas la maladie*
52	Imamiah	*Ne reconnaît pas ses erreurs, problèmes amoureux*
53	Nanael	*Refuse la connaissance spirituelle*
54	Nithael	*Séduction*
55	Mebahiah	*Manque d'idées*
56	Poyel	*Pauvreté*
57	Nemamiah	*Mentalité sans principes, mauvaises idées*
58	Yeialel	*Ruse, impose ses idées*
59	Harahel	*Difficultés intellectuelles*
60	Mitzrael	*Ne veut pas réparer*
61	Umabel	*Difficulté à trouver des amis*
62	Iahhel	*Refuse d'apprendre*
63	Anauel	*Se sent séparé des autres*
64	Mehiel	*Manque d'inspiration, critique*
65	Damabiah	*Problèmes émotionnels*
66	Manakel	*Ne comprend pas le bien et le mal*
67	Eyael	*Peur des changements*
68	Habuhiah	*Maladie*
69	Rochel	*Prendre ce qui ne nous appartient pas*
70	Jabamiah	*Blocage, reste pris dans un problème*
71	Haiaiel	*Terroriste, guerre, chicane*
72	Mumiah	*Suicide, difficulté à finir ce qu'on commence, n'aime pas la Vie*

⊙

TABLE DES MATIÈRES

⊙

univers/cité Mikaël

ORGANISME SANS BUT LUCRATIF

Maison d'édition et de diffusion

L'Univers / Cité Mikaël (UCM) a pour mission de faire connaître l'enseignement de l'Angéologie Traditionnelle à travers le monde. Basé sur une philosophie d'altruisme, cet organisme sans but lucratif réunit des gens de toutes nationalités et de toutes religions qui s'unissent dans le but d'approfondir et de développer les capacités et les pouvoirs de la conscience.

En tant que lieu de rencontre à caractère neutre, universel et unique, l'Univers/Cité Mikaël se positionne comme mouvement novateur en matière d'enseignement sur la santé intérieure, la métaphysique et la philosophie, ce, pour l'ensemble des générations présentes et à venir. Elle se place ainsi à l'avant-garde des besoins éducationnels et des principes qui guideront les dirigeants de demain, ceux qui développeront, dans un objectif d'universalité et d'altruisme, un monde meilleur.

L'Univers/Cité Mikaël repose sur un concept global. Dans son plan d'expansion future, elle prévoit la mise sur pied d'un établissement d'enseignement qui accueillera des étudiants et des personnes en quête de ressourcement. Les bâtiments abriteront des salles de cours et toutes les infrastructures nécessaires à l'hébergement, à la restauration et aux soins de santé, ce qui permettra d'accueillir des gens de partout dans le monde.

⊙

univers/cité mikaël

ORGANISME SANS BUT LUCRATIF

Si vous êtes intéressés à en connaître plus sur l'Angéologie Traditionnelle, l'interprétation des rêves, le langage symbolique et l'Angélica yoga, nous vous invitons à consulter ces ouvrages produits par notre maison d'édition et de diffusion.

- ⊙ Livre *Le Livre des Anges; Rêves-Signes-Méditation, Angéologie Traditionnelle,* livre de 578 pages, par Kaya et Christiane Muller;
- ⊙ Livre *Le Livre des Anges; Rêves-Signes-Méditation, Angéologie Traditionnelle, Tome 2,* par Kaya et Christiane Muller (sous presse);
- ⊙ Livre *Les Ailes de la Vie; psychologie initiatique,* livre de 406 pages sur l'Angéologie Traditionnelle, par Kaya et Christiane Muller;
- ⊙ Livre *Angélica yoga, introduction; manuel pratique, Angéologie Traditionnelle,* livre de 144 pages avec reliure spiralée, par Kaya et Christiane Muller;
- ⊙ Livre *Angélica yoga, le livre,* par Dr François Bouchard et Denise Fredette (sous presse);
- ⊙ Livre *Au pays du Ciel Bleu,* conte illustré pour enfants avec Kasara et Habuhiah, par Kaya, Christiane Muller et Gabriell, artiste peintre.
- ⊙ Ensemble de cartes *Les cartes des Anges; Rêves-Signes-Méditation, Angéologie Traditionnelle,* aide-mémoire définissant les qualités et les distorsions des états de conscience Angéliques, accompagné d'un livret d'instruction, par Kaya et Christiane Muller (sous presse);
- ⊙ CDs de méditation guidée *Les 72 Anges au Quotidien,* Vol. 1 (Anges 72 à 67), Vol. 2 (Anges 66 à 61), Vol. 3 (Anges 60 à 55), Vol. 4 (Anges 54 à 49) et Vol. 5 (Anges 48 à 43), comprenant chacun six méditations guidées de 12 minutes accompagnées de musique originale, avec Christiane Muller;
- ⊙ CDs de musique de méditation instrumentale *Les 72 Anges au Quotidien,* Vol. 1 (Anges 72 à 67), Vol. 2 (Anges 66 à 61), Vol. 3 (Anges 60 à 55), Vol. 4 (Anges 54 à 49) et Vol. 5 (Anges 48 à 43), par Kaya et André Leclair;
- ⊙ Cartes de souhaits, *Exposition Angelica,* reproductions de peintures par Gabriell;
- ⊙ Affiches, reproductions de peinture par Gabriell;
- ⊙ *Exposition Angelica,* peinture sur le thème des Anges, par Gabriell.

Pour plus d'informations, consulter www.72anges.ca

LE JOURNAL SPIRITUEL DE :